Lesehefte für den Literaturunterricht

In neuer Folge herausgegeben von
Rainer Siegle und Jürgen Wolff

Renate Welsh
Spinat auf Rädern

Kinderroman

mit Materialien
zusammengestellt von
Wolfgang Meißner

Ernst Klett Verlag
Stuttgart Düsseldorf Leipzig

Gedruckt auf Papier aus
chlorfrei gebleichtem Zellstoff,
säurefrei.

2. Auflage A 2 8 7 | 2004 2003

Alle Drucke dieser Auflage können im Unterricht nebeneinander benutzt werden, sie sind untereinander unverändert. Die letzte Zahl bezeichnet das Jahr dieses Druckes.

Internetadresse: http://www.klett-verlag.de
Umschlag: Manfred Muraro, Stuttgart.
Gesamtherstellung: Wilhelm Röck, Weinsberg.
ISBN 3-12-261960-1

Inhalt

— 1 —

Seit drei Monaten und fünf Tagen lebte Maria in der großen Stadt, seit zwei Wochen in der Wohnung im ersten Stock eines alten Hauses. Wenn sie durch die Straßen ging, suchte sie den Himmel über den Häusern. Manchmal musste sie dabei den Kopf weit zurücklegen.

Der Boden unter ihren Füßen war anders als zu Hause.

Die Leute redeten anders.

Es roch anders.

Alles war ihr fremd.

Im Hof vor dem Haus spielten Kinder. Sie rannten um die Mülleimer. Sie hingen kopfunter an der Teppichklopfstange. Sie kickten und dribbelten und versuchten einander den Ball abzunehmen. Sie steckten die Köpfe zusammen und tuschelten und kicherten. Das große Mädchen mit den langen blonden Haaren und den großen grauen Augen, das immer in der Mitte stand, hieß Vicky. Maria lehnte in der Nische neben der Haustür und schaute zu. Sie hätte so gern mitgespielt. Aber die Kinder blickten an ihr vorbei.

Ohne sie anzusehen, fragte einer: „Was will die Rumänin?"

„Ich bin keine Rumänin", sagte Maria und ärgerte sich, wie dünn ihre Stimme klang.

„Aber du kommst doch von dort, gib's zu!"

„Ja."

Der Bub tippte sich an die Stirn. „Na also!"

Die meisten lachten. Ihr Lachen hallte von den hohen Mauern zurück.

Maria lief hinaus in die Wohnung. Sie drückte die Stirn gegen die Türpfosten, bis es wehtat. Dann fuhr sie mit zwei Fingern in die Rillen, nickte, holte ihre Schulsachen und setzte sich an den Küchentisch. Als sie mit der Hausaufgabe fertig war, zeichnete sie ein kleines Haus und riesige Sonnenblumen, die hoch über das Dach ragten. Sie zeichnete einen Baum voll roter Äpfel und einen voll gelber Birnen. Sie zeichnete Hühner mit Küken, einen großen Hahn mit grünen und braunen und roten Federn und einen blauen Teich, auf dem Enten und Gänse schwammen.

Es sieht nicht aus wie zu Hause, dachte Maria. Dann schüttelte sie sich die Haare aus dem Gesicht. Es sieht doch aus wie zu Hause! Sie setzte eine Ringelkatze vor die Haustür und bunte Blumen in die Wiese.

Als sie Schritte auf der Treppe hörte, steckte sie das Bild in ihre Mappe.

Die Mutter schlüpfte aus den Schuhen, setzte sich Maria gegenüber und streckte die Beine weit von sich. „Die Rittinger hat wieder so geschaut. Als ich sie grüßte, hat sie einfach ihre Wohnungstür zugezogen. Dabei tu ich ihr doch wirklich nichts."

„Die Rittinger ist eine blöde alte Ziege!", sagte Maria.

„Wie redest du da?", sagte die Mutter ohne rechte Überzeugung. Vor zwei, drei Wochen hätte sie geschimpft. Vor zwei, drei Wochen war auch Maria noch oft erschrocken darüber, wie die Kinder hier mit Erwachsenen sprachen. Hatte auf Ohrfeigen gewartet, die nicht kamen. Die Mutter stützte die Arme auf, ließ sich Marias Hefte zeigen und lächelte zufrieden. „Geh doch hinunter und spiel mit den anderen Kindern. Die Sonne scheint und du bist schon ganz blass vom Stubenhocken."

Langsam ging Maria die Treppe hinunter. Auf jeder zweiten Stufe blieb sie stehen. Im Hof lärmten die Kinder. Maria holte tief Atem, bevor sie die Tür öffnete.

„Was will die Rumänin schon wieder?", fragte ein Mädchen.

„Ich habe auch einen Namen. Maria heiße ich."

Als hätte sie nichts gehört, sagte eine andere: „Steht da und gafft. Richtig blöd."

Maria kratzte sich am Bein. Vicky drehte den Kopf in ihre Richtung, hob die Augenbrauen und wandte sich ab.

Plötzlich traf ein Ball Maria in den Bauch. Es krümmte sie zusammen, nicht einmal aufschreien konnte sie, so weh tat es. Sie drückte mit beiden Händen ihren Bauch. Die Kinder rannten weg.

Maria stand da und spürte, wie sich hinter ihren Augen die Tränen sammelten, immer mehr wurden, drückten und brannten. Der Ball hatte sie absichtlich getroffen. Das war kein Zufall gewesen. Die ersten Tränen kollerten. Maria wischte sie nicht ab, sie musste immer noch ihren Bauch halten.

Einmal, zu Hause, hatte ein Ball sie ebenso getroffen. Als sie vor einem Geschäft Schlange stand, um den Platz für die Mutter freizuhalten. Der Bub damals hatte vorher gerufen: „Verschwinde, Deutsche!"

Durch die Tränen sah Maria eine alte Frau mit einem Kinderwagen aus dem Haus kommen. In dem Kinderwagen standen Blumentöpfe mit kleinen Pflänzchen drin.

Maria blinzelte die Tränen weg.

„Hältst du mir bitte die Tür auf?", fragte die alte Frau. Maria stolperte über die Stufe.

„Nicht so eilig! Ich hab Zeit." Die alte Frau zwinkerte ins Licht. Maria packte die Vorderräder, gemeinsam hoben sie den Wagen über die drei Stufen vor der Haustür.

„Danke." Die alte Frau musterte Maria. „Wer bist denn du? Ich hab dich noch nie gesehen, oder?"

Maria schluckte. Als sie ihren Namen sagte, rutschten ein paar Tränen mit.

„Bist du neu hier?"

Maria nickte.

Die Frau stützte sich auf den Kinderwagen. „Magst du mich ein Stück begleiten? Ich muss meine Kinder in den Park führen."

Oh je, dachte Maria. Die ist verrückt. Bei uns zu Hause hat es auch eine Verrückte gegeben, aber der hat man es angesehen. Die hier sieht ganz normal aus. Wie eben alte Frauen aussehen. Und freundlich.

„Ich habe mich gar nicht vorgestellt“, sagte die alte Frau, „Paula Müller heiße ich.“ Sie streckte Maria die Hand hin. Ihre Hand war rau und fühlte sich schuppig an.

„Du musst nicht glauben, dass ich schmutzig bin.“ Frau Müller spreizte die Finger. „Ich hab ein paar Kinder umtopfen müssen. Das Schwarze geht einfach nicht raus aus den Rillen, da kann man schrubben, so viel man will. Sind halt schon sehr faltig, meine Hände. Kein Wunder. Schließlich sind sie genau so alt wie ich.“

Maria nickte. Vielleicht sollte ich mich vor ihr fürchten, dachte sie. Aber ich fürchte mich nicht. Warum sollte ich nicht mit ihr gehen? Sie hielt die Tür zum ersten Innenhof auf, dann das Tor zur Straße.

Frau Müller schob den Kinderwagen sehr behutsam. Vor jeder Bordkante sagte sie: „Achtung, Kinder! Gut festhalten.“

Ein Zeitungsverkäufer mit hellrotem Turban winkte ihr zu. „Wieder unterwegs, Frau Müller? Geht Garten in Park?“

„Natürlich!“, rief sie zurück. „Warten Sie nur, bis die Tomaten reif sind, dann dürfen Sie eine kosten.“

Er lachte. „Ich werde Sie erinnern.“

Frau Müller ging immer schneller. „Die Luft hier tut ihnen nicht gut“, schnaufte sie. „Zu viele Autos.“ Am Eingang zum Park seufzte sie erleichtert: „Das hätten wir.“ Sie schob den Kinderwagen zu einer Bank. „Hier ist es gerade richtig, schön hell, aber nicht in der prallen Sonne.“

Vorsichtig ließ sie sich auf der Bank nieder und seufzte vor Behagen. „Ja, da schau her!“ Sie beugte sich vor

„Mir scheint, die Tomaten setzen schon Blüten an!“

Zuerst sah Maria nichts, dann bemerkte sie winzige Knubbel an den Pflänzchen.

„Weißt du, was das ist?“, fragte Frau Müller.

„Thymian, glaub ich. Und das?“

Ein Lächeln fältelte die Haut der alten Frau. „Soll ein fleißiges Lieschen werden. Im Moment ist es eher faul und will nicht wachsen.“

Ein Marienkäfer landete auf einem Petersilienblatt. Der Stängel bog sich unter seinem Gewicht. Maria hielt ihm den Zeigefinger hin, er zögerte, krabbelte einmal rund um ihren Finger, breitete die Flügel aus und flog weiter.

„Der bringt Glück“, sagte Frau Müller.

„Das hat meine Oma auch immer gesagt, zu Hause.

Maria nahm eine Hand voll Kiesel und legte sie zu einem Muster auf die Bank.

Zwei Buben kamen den Weg entlang, blieben stehen, tuschelten, kicherten.

„Gehen wir?“, fragte Frau Müller. „Sobald die Sonne weg ist, wird’s kühl.“

Viele Leute starrten in den Kinderwagen. Frau Müller hob das Kinn und starrte zurück.

Maria war froh, dass keine Kinder im Hof waren. Zu zweit war es nicht schwer, den Kinderwagen in den zweiten Stock zu tragen. Frau Müller bedankte sich. „Sonst muss ich immer zehnmal gehen und jeden Topf einzeln hinauftragen. Eine Hand brauche ich ja, um mich festzuhalten.“

„Ich helfe Ihnen gern wieder“, versprach Maria.

Die Mutter klappte gerade das Bügelbrett zu. „Na siehst du, jetzt hat es dir doch Spaß gemacht, mit den Kindern zu spielen.“

Maria widersprach nicht.

— 2 —

Die Kinder in der Schule kümmerten sich nicht um Maria. Am zweiten oder dritten Tag hatte ihr Ralf die Schultasche aus der Hand gerissen und sie quer über den Schulhof geschleudert. Darauf hatte Maria dasselbe mit seiner gemacht, nur ein bisschen weiter. Er hatte sich auf sie gestürzt und sie hatten gerauft. Ralf war dabei nicht gut weggekommen. Raufen hatte sie zu Hause gelernt, mit Michael und den anderen Buben. Sie erinnerte sich, wie die Buben das Baumhaus überfallen hatten, das Maria mit ihren Freundinnen eingerichtet hatte. Zerkratzt und blutend waren die Angreifer abgezogen und hatten die Mädchen nicht einmal verklatscht, weil sie sich schämten.

Ob das Baumhaus den Winter heil überstanden hatte? Das dritte Brett von links, nein, das vierte, war schon im Herbst morsch gewesen. Nanni hatte versprochen, ein neues vom Stapel hinter ihrem Haus mitzubringen, aber als sie es holen wollten, hatte Nannis Vater sie verjagt. Der hatte die größten Hände, die Maria je gesehen hatte. Einmal hatte er mit seinen Riesenhänden eine Eidechse gefangen, Maria hatte gar nicht hinschauen wollen vor Angst, es würde nur mehr Eidechsenbrei zwischen den Riesenfingern kleben, aber Nannis Vater hatte zart zugegriffen, und nachdem sie alle die Eidechse angestaunt hatten, verschwand sie unversehrt zwischen den Steinen.

Die Buben im Schulhof boxten einander in die Rippen und lachten laut. Seit der Geschichte mit der Schultasche ließen sie Maria in Ruhe, riefen nicht einmal hinter ihr her wie hinter den anderen Mädchen. Die luden Maria weder zum Gummihüpfen ein, noch holten sie sie in das dicht gedrängte Knäuel, in dem sie sich, Kopf an Kopf gedrängt, flüsternd unterhielten. Wenn Maria vorbeiging, drehte sich die eine oder andere nach ihr um, das Getuschel riss ab, setzte gleich darauf heftiger wieder ein.

Manchmal fragte sich Maria, ob sie überhaupt da war.

Sie stand an die Mauer gelehnt und blickte hinauf in das Stück Himmel über dem Schulhof. Richtig blau wird er nie, dachte sie, nicht blau wie daheim. Ein weißer Kondensstreifen schnitt quer durch das nasse Blau. Sie schaute zu, wie er langsam zerrann.

Die Lehrerin war freundlich, lange nicht so streng wie die daheim. Sie sah nicht einmal aus wie eine richtige Lehrerin mit ihren Locken, die am Ende jeder Stunde viel wilder von ihrem Kopf abstanden als am Anfang. Maria hörte ihr gern zu, besonders wenn sie vorlas, so leise, dass man sich wunderte, alles zu verstehen.

In der Elfuhrpause hielt die Lehrerin Maria zurück. Sie klopfte die Hefte auf ihrem Tisch zu einem ordentlichen Stapel, verstaute sie in ihrer großen Tasche und sagte:

„Maria, ich habe das Gefühl, dass es dir nicht besonders gut geht. Weißt du, die Kinder sind schon seit der ersten Klasse zusammen, da ist es schwer, in die Gemeinschaft aufgenommen zu werden. Du musst Geduld haben."

Maria zuckte mit den Schultern.

Die Lehrerin wartete.

Maria schwieg.

Im Schulhof wurde es laut. Irgendwann murmelte die Lehrerin etwas unverständlich Bedauerndes und wandte sich ab.

Maria lief ins Klo und weinte.

Nach einer Weile putzte sie sich die Nase. Beim Händewaschen sah sie im Spiegel, wie rot ihre Augen waren. Sie hielt das Gesicht unter fließendes Wasser.

Die Tür ging auf. Katja kam herein, musterte Maria.

„Hast du geheult?"

„Ich doch nicht." Maria trocknete sich mit dem Zipfel ihrer Bluse ab.

„Sieht aber ganz so aus. Du hast Augen wie ein Kaninchen."

Maria behauptete, ihr wäre etwas ins Auge gefallen. Beim Bleistiftspitzen.

Katja lächelte und verschwand in einer Toilette.

In der nächsten Stunde spürte Maria mehrmals, wie die Blicke der Lehrerin sie streiften. Jedes Mal wischte Maria sich übers Gesicht, als wären Spinnweben an ihr hängen geblieben. Sie hätte der Lehrerin gern gesagt ... Was eigentlich?

Reden war überhaupt blöd. Sooft Maria den Mund aufmachte, kicherten einige in der Klasse und steckten die anderen an. Die Lehrerin runzelte dann die Stirn und bekam traurige Augen, doch das half auch nicht. Trotzdem waren die Schulstunden noch angenehm im Vergleich zu den schrecklichen Pausen. Es gab nicht immer ein freies Klo, in das sich Maria einsperren konnte. Und wenn sie zu lange blieb, roch sie hinterher die scharfe Mischung aus Desinfektionsmitteln, Urin und alten Abflussrohren an ihren Haaren.

Maria hob den Kopf, so hoch sie konnte, und ging durch den Schulhof, als suche sie jemanden.

„He, Maria!“ Uschi winkte Maria zu sich. „Die Mama hat meine Sachen aussortiert, sie hat gesagt, du kannst dir eine ganze Tasche voll mit Kleidern abholen.“

„Ich brauch sie nicht“, sagte Maria.

Die Vorstellung, in Uschis Kleidern in die Schule zu gehen, war ihr schrecklich. Am zweiten Schultag hatte Ines Maria einen Pullover gegeben und dann hatten alle Mädchen sie angesehen und gegrinst. Die Mutter hatte behauptet, das bilde sie sich nur ein, aber Maria hatte gezupft und gepopelt, bis eine Masche lief und noch eine und noch eine. Die Mutter hatte versucht, das Loch zu stopfen, aber das hatte so unmöglich ausgesehen, dass sogar sie nicht mehr von Maria verlangte, den Pullover anzuziehen, und ihn dann seufzend und vorwurfsvoll als Putzlappen verwendete. Maria erinnerte sich auch, wie ihr ein Mädchen ein angebissenes Wurstbrot hinhielt: ‚Ich mag’s nicht mehr und ihr habt eh nichts zu essen. Hab ich selbst im Fernsehen gesehen.‘

Uschi starrte sie an.

Lieber trag ich das ganze Jahr dasselbe Zeug, dachte Maria. Ich bin doch kein Bettelkind. Und die können von mir denken, was sie wollen. Tut gar nicht weh.

„Ich möchte bloß wissen, worauf die sich was einbildet“, sagte einer von den Buben, die mit Ralf in einer Ecke standen.

„Ich erbe auch immer die Sachen von meiner Kusine“, sagte Vera, und etliche nickten.

Verstanden die wirklich nicht, dass das etwas anderes war? Maria spürte, wie ihr die Röte aus dem Kragen über die Wangen hochkroch.

Nach der letzten Stunde wartete sie, bis sie sicher sein konnte, dass alle weg waren. Dann schlich sie die Treppe hinunter. Jeder, der mich sieht, glaubt bestimmt, ich hätte etwas angestellt, dachte sie. Mir doch egal. Es gelang ihr nicht, sich selbst zu überzeugen, sooft sie es auch lautlos wiederholte. Vielleicht hatte Uschis Mutter das Angebot ganz freundlich gemeint? Ihr Pech. Ich brauche von denen nichts. Sie wollen mich nicht und ich will nichts von ihnen.

Sie machte einen Umweg, um nicht am Eissalon vorbeizugehen. Dort stand jetzt die halbe Klasse, schleckte Eis und redete und lachte. Wahrscheinlich über sie. Nein, nicht einmal das.

Fast wäre sie in einen Hundehaufen getreten. Das würde denen so passen.

Die Augen fest auf den Boden zu ihren Füßen geheftet, ging sie in die Seidengasse. Sie weigerte sich, ‚nach Hause‘ zu denken. Zu Hause war das nicht.

Maria war schnell mit den Hausaufgaben fertig. Sie saß da und starrte vor sich hin. Omas Geschichten fielen ihr ein, wie froh sie gewesen war, wenn ihr jemand ein Kleid oder eine alte Schürze schenkte oder gar ein Paar Schuhe. Wie sie aus zwei alten Schürzen ein Kleid für die Mutter genäht hatte. Wie sie alles aufgehoben hatte, auch die kleinsten Stoffstückchen. Selbst Brotbrösel hatte sie zusammengefegt, mit einer kleinen Bürste, die nur für diesen Zweck verwendet wurde, und wenn sie genug gesammelt hatte, gab es Bröselknödel.

Ich bin nicht die Oma, dachte Maria trotzig, und damals ist nicht heute, und dort ist nicht hier. So. Und mit Frau Müller gehe ich heute auch nicht. Vielleicht übermorgen.

Unten im Hof bellte ein Hund. Auf dem Fenstersims gegenüber trippelte eine Taube hin und her. Es sah aus, als warte sie auf jemanden. Ab und zu gurrte sie.

Schritte klapperten auf den Steinstufen. Maria hatte die Wohnungstür geöffnet, noch bevor sie denken konnte.

Frau Müller strahlte sie an. „Grüß dich, Maria! Das freut mich aber. Ich hab schon mit mir gewettet, ob ich dich heute sehe. Weil ich gewonnen habe, lade ich uns zu einem Eis ein."

„Und wenn sie verloren hätten?"

„Dann hätte ich den Backofen sauber machen müssen."

Frau Müller ging zurück in die Wohnung und füllte den Kinderwagen mit Blumentöpfen. Maria half ihr dabei. Gemeinsam trugen sie den Kinderwagen hinunter.

Die Kinder im Hof verstummten, aber Maria war überzeugt, dass ein Gejohle und Gekreische einsetzen würde, sobald sie die Tür hinter sich geschlossen hatten. Sie war froh, als sie den Park erreichten.

Mitten in der Rasenfläche rechts vom Eingang schlug ein Pfau sein prächtiges Rad. Er trippelte hin und her, die kurzen Flaumfedern zitterten vor Anstrengung. Die Pfauenfrau pickte Körner und beachtete ihn überhaupt nicht, nur die Menschen blieben stehen und bewunderten ihn.

„Immer applaudieren die Falschen“, sagte Frau Müller. „Apropos – hast du Lust, über den Spielplatz zu gehen?“

„Wieso apropos?“

Frau Müller lachte. „Weiß ich auch nicht. Ist mir nur so rausgerutscht.“

Auf dem Spielplatz gab es Klettertürme und Rutschen, ein Blockhaus mit Hängebrücke und Schaukeln. Am besten gefiel Frau Müller das Karussell. Sie erzählte, wie sie als kleines Mädchen gespart hatte für die drei herrlichen Tage, an denen das Zelt mit den bunten Wimpeln auf dem Dorfplatz stand und daneben das Karussell. „Am liebsten wären wir jeden Tag in beide Zirkusvorstellungen gegangen, weil der Mann auf dem fliegenden Trapez uns so gut gefallen hat. Jeden Muskel hat man gesehen, wenn er oben seine Saltos schlug. Den Atem haben wir angehalten, meine Freundin und ich, einmal sah es so gefährlich aus, dass sie mir die Fingernägel in den Unterarm gebohrt hat, aber sie hat nichts davon bemerkt und ich auch nicht. Erst hinterher, zu Hause. Für uns war er ein Prinz, von ihm haben wir geträumt und an jeder Teppichklopfstange und an jedem Ast Schwingen geübt und die große Welle, aber die hat nur sie geschafft und ich nicht, und ich hab stundenlang geweint.“

Frau Müller schob den Kinderwagen hin und her, als müsse sie ein Baby beruhigen, dann erzählte sie, dass die Freundin bald nach der Schule heiratete, aber nicht den Trapezkünstler, sondern einen außergewöhnlich dicken Schneider.

„Und der Mann am Trapez?“

Frau Müller schüttelte den Kopf und klickte mit der Zunge. „Ein Jammer war das. Er hat sich in die einzige Tochter aus dem ‚Grünen Baum‘ verliebt und sie sich in ihn. Die beiden durften nur unter der Bedingung heiraten, dass sie das Gasthaus übernehmen. Zwei Jahre später hat er hundertzwanzig Kilo gewogen."

Maria lachte. Frau Müller musterte sie. „Ich rede und rede. Will ich eigentlich gar nicht. Tu ich sonst auch nicht."

„Ich hör gern zu", sagte Maria.

Frau Müller nickte. „Ich muss dir noch erzählen, wie das mit dem Garten begonnen hat. Du hast dir ja bestimmt überlegt, ob die Alte verrückt ist."

„Nein!"

„Lüg nicht, es lohnt sich sowieso nicht, weil du ganz rot wirst. Also es war so: In unserem Dorf sollte die Straße erweitert werden und mein Haus war im Weg. Es hätte sowieso alles hergerichtet werden müssen und besonders praktisch war das Haus auch nicht. Da haben mich die Kinder überredet, zu ihnen in die Stadt zu ziehen, aber bald darauf hat der Schwiegersohn eine gute Stellung bekommen im Ausland, und die Tochter ist natürlich mit ihm gegangen. Sie wollten mich mitnehmen, doch einen alten Baum verpflanzt man nicht zweimal, einmal ist schon zu viel."

„Ich weiß", sagte Maria.

Frau Müller legte ihr die Hand auf den Arm und fuhr fort: „Ich bin hier geblieben. Ich hab gedacht, mit der Zeit werde ich mich eingewöhnen, aber das Heimweh ist von Tag zu Tag schlimmer geworden. Immer wieder hab ich von meinem Küchengarten geträumt, wie der im Unkraut erstickt, dabei war er ja längst zubetoniert. Bis ich gemerkt habe, ich werd noch verrückt, so geht das nicht weiter. Da hab ich an einem Mittwoch um halb neun den Mantel angezogen und die Blumentöpfe gekauft und einen Garten angelegt auf dem Fensterbrett. Aber so ein Garten braucht Sonne und Regen, nicht wahr, also führe ich ihn spazieren. Und wenn die Leute dumm schauen, kann ich auch nix machen."

Ich weiß, wie die Leute schauen, dachte Maria. Frau Müller drückte ihren Arm. Maria spürte, dass sie keine

Antwort erwartete, und das war gut. Sie saßen und schauten den Eichhörnchen zu, die einander in der großen Buche jagten.

„Weißt du, Maria", sagte Frau Müller nach einer Weile, „so ist das: Als ich drauf und dran war, verrückt zu werden, hat es keiner gemerkt. Jetzt sagen sie, dass ich spinne. Komisch, nicht?" Sie beugte sich vor, um einen Blumentopf zurechtzustellen, mitten in der Bewegung erstarrte sie.

„Jetzt hab ich mir doch wieder einen Hexenschuss geholt", stöhnte sie.

Wenige Minuten später gab sie sich einen Ruck, stemmte eine Hand ins Kreuz und stand auf.

„Jetzt gehen wir ein Eis essen."

„Und Ihr Kreuz?", fragte Maria.

„Das kommt mit. Bleibt ihm gar nichts anderes übrig. Das Eis lass ich mir nicht nehmen, das haben wir gewonnen."

Langsam gingen sie zum Kaffeehaus, fanden einen schönen Tisch, nicht zu schattig, nicht zu sonnig. Frau Müller sagte, es wäre ihr lieber, wenn Maria „Tante Paula" und „du" zu ihr sagte. Maria probierte es leise. „Tante Paula." Das ging überraschend leicht.

Tante Paula bestellte die größten Eisbecher und war ganz begeistert über die Papierschirmchen, die darin staken. „Solche Schirme gab's früher auf dem Kirtag", erzählte sie. Sie unterbrach sich und zeigte auf den Weg, der vom Haupteingang heraufführte. „Siehst du, was ich sehe?"

Da kam ein Mann mit einem Äffchen auf der Schulter.

„Zappel nicht so, Capitano", schimpfte der Mann freundlich. „Du reißt mir ja die letzten paar Haare aus." Er sah sich um, stellte fest, dass es keinen freien Tisch gab, und trat zu Tante Paula. „Ist's gestattet?"

„Aber bitte, gern."

Der Mann nahm Platz, das Äffchen sprang von seiner Schulter und hockte sich auf den vierten Stuhl. Seine Knopfaugen huschten von Tante Paula zu Maria, hin und her, dann starrte es Maria lange an. Unheimlich war das. Sie merkte, wie ihre Lider immer schneller schlugen. Plötzlich machte der Affe einen Satz, grabschte sich Marias Eiswaffel, saß schon wieder auf den Hinterbacken und mümmelte genüsslich.

„Capitano! Wo sind deine Manieren?“

Der kleine Affe klopfte sich mit der freien Hand auf den Bauch und zeigte die Zähne.

Maria und Tante Paula lachten. Als der Kellner zum Tisch trat, zog ihm Capitano mit einer blitzschnellen Bewegung die Serviette vom Arm und schwenkte sie wie eine Fahne. Von überallher kamen Kinder gerannt. Der Mann holte ein Halsband aus der Tasche. Capitano machte einen Riesensatz und verschwand in den Ästen einer Linde. Das Blätterdach war so dicht, dass man ihn nicht sah, man hörte nur knackende Zweige und lautes Rascheln, das sich entfernte.

„Er kann schon weiß Gott wo sein“, sagte der Mann und teilte die Kinder in Suchtrupps ein, der Kellner, mehrere Gäste und sogar die Toilettenfrau schlossen sich der Suche an. Tante Paula und Maria zogen nach links los. Maria kroch unter jeden Busch. Mehrere Male glaubte sie, Capitano zu sehen, doch dann war es nur ein Eichhörnchen, ein Schatten, ein Vogel. Nach den ersten Enttäuschungen erwartete sie nicht mehr, Capitano zu finden. Sie suchte trotzdem weiter.

Eine halbe Stunde später trafen sich alle wieder im Café. Schon wie sie daherkamen, war klar, dass niemand Erfolg gehabt hatte. Der Mann rief immer noch in regelmäßigen Abständen: „Capitano!“ Aber er rief wie einer, der keine Antwort erwartet.

Ein Bub rannte den Weg herauf und schrie schon von weitem: „Auf der Kastanie sitzt er!“

Alle liefen in die Richtung, die der Bub zeigte. Tatsächlich saß Capitano in einer Astgabel der großen Kastanie vor dem Eingang. Er zitterte so sehr, dass weiße Blüten auf den Gehsteig regneten. Nichts half, kein Locken, kein Schmeicheln, kein Rascheln mit Erdnusspaketen. Capitano hockte mit schreckgeweiteten Augen auf seinem Ast und bibberte.

Der Bub bot sich an, hinaufzuklettern, aber der Mann hielt das für zu gefährlich. Irgendjemand ging telefonieren. Minuten später blinkte es blau, die Feuerwehr kam mit Folgetonhorn, die lange Leiter wurde ausgefahren. Capitano flüchtete auf einen höheren Ast. Der Mann trat zur Leiter.

„Lassen Sie nur, wir machen das schon“, sagte ein Feuerwehrmann.

„Es ist besser, ich steig hinauf, er ist schon verrückt genug.“ Der Mann sah sich um, als müsse er von der Welt Abschied nehmen, dann setzte er den Fuß auf die Leiter. Ein Feuerwehrmann stieg hinter ihm hinauf.

Tante Paula, die Toilettenfrau, der Kellner, die Kinder, die anderen Feuerwehrmänner und eine große Menge fremder Zuschauer blickten in die Höhe. Endlich war der Mann auf gleicher Höhe mit Capitano. Er streckte die Hand aus, Capitano setzte zum Sprung an. Der Mann schwankte unter dem Aufprall, als Capitano in seinen Armen landete. Der Feuerwehrmann packte mit beiden Händen zu, aber da stand der Mann wieder still und begann langsam den Abstieg. Als er unten ankam, atmeten alle hörbar auf.

Capitano winkte den Feuerwehrmännern nach, leutselig sah das aus. Dann zog der Tross zurück ins Café, auch der Mann setzte sich wieder zu Tante Paula und Maria an den Tisch.

Tante Paula räusperte sich. „Darf ich Sie etwas fragen?“

„Aber sicher.“

„Ist es denn richtig, einen Affen als Haustier zu halten? Der braucht doch andere Affen zur Gesellschaft.“ Der Mann nickte. „Stimmt, normalerweise. Nur ist der Capitano nicht normal. Er ist quasi in Pension, war bei einem Drehorgelmann in Italien. Es war Liebe auf den ersten Blick, wissen Sie. Wie's halt so geht. Es ist eine lange Geschichte, erzähl ich Ihnen irgendwann, aber heute ist es schon zu spät. Übrigens hab ich mich gar nicht vorgestellt. Swoboda mein Name." Er machte eine kleine Verbeugung.

„Paula Müller, sehr erfreut. Und das ist Maria."

Capitano legte Herrn Swoboda beide haarigen Arme um den Hals. „Mistkerl", sagte er zärtlich. „Es wird Zeit, dass wir heimgehen, sonst holst du dir wieder einen Schnupfen." Er verabschiedete sich von jedem einzeln und bedankte sich. Capitano untersuchte sein linkes Ohr.

„Sitz ordentlich", hörte man Herrn Swoboda im Weggehen sagen, „sonst fällst du noch runter. Willst du nicht wenigstens einmal ein braver Affe sein, ausnahmsweise?"

Capitano wollte nicht. Er hüpfte auf Herrn Swobodas Nacken auf und ab.

„Was es nicht alles gibt auf der Welt", sagte Tante Paula auf dem Heimweg. „Aber so interessante Menschen lerne ich erst kennen, seit ich meinen Garten hab."

Maria dachte, dass Herr Swoboda den Garten gar nicht gesehen hatte und nur an ihren Tisch gekommen war, weil es da zwei freie Stühle gab. Aber sie sagte nichts.

— 4 —

Schon beim Aufwachen merkte Maria, dass heute Freitag war. Im Schlafzimmer brummte der Staubsauger. Kurz darauf hörte sie die Schläge klatschen, mit denen die Mutter den frisch überzogenen Kissen und Decken die richtige Form gab. Der Geruch von Möbelpolitur drang durch alle Ritzen.

Es hatte keinen Sinn, sich noch einmal umzudrehen und die Decke über den Kopf zu ziehen. Nicht am Freitag. Wenn die Mutter um sieben aus dem Haus ging, musste alles fertig sein, bereit für den Vater. „Es könnte ja sein, dass er einmal früher kommt, nicht erst am späten Nachmittag. Und wie sieht das aus, wenn er eine total unaufgeräumte Wohnung vorfindet?"

Total unaufgeräumt war die Wohnung nie. Aber am Freitag musste sie blinken und glänzen bis in den letzten Winkel.

„Maria!"

„Ich komm ja schon."

Jetzt schlug die Mutter Eiweißschnee, mit der Hand. Sie war überzeugt, dass kein Mixer genau die Steifheit schaffen konnte, die ihre Roulade brauchte. Mutters Rouladen waren daheim im ganzen Dorf berühmt gewesen. Jedes Mädchen war vor der Hochzeit zu Mutter gekommen, um Rouladen backen zu lernen.

„Wischst du bitte im Wohnzimmer Staub? Und gieß die Blumen, aber nicht wieder zu viel."

Die Mutter hatte schon gestern Abend vor dem Schlafengehen Staub gewischt. Maria wedelte mit dem Tuch über die freien Flächen. Sogar ihr Strickzeug hatte die Mutter verstaut. Auf dem Tisch lag ein frisch gestärktes Spitzentuch, genau in der Mitte stand ein Topf mit afrikanischen Veilchen. Zwiebeln brutzelten auf dem Herd. Die Mutter stellte eine Kakaotasse vor Maria. „Da ist die Einkaufsliste. Obst und Käse hol bitte vom Markt. Aber lass dir nichts anhängen, hörst du? Du musst genau aufpassen, was sie dir einpacken."

„Ja, Mama."

„Freust du dich denn gar nicht, dass der Papa kommt?"

„Natürlich freu ich mich."

Das stimmte nicht ganz. Zu Hause, da hatte sie sich jeden Abend gefreut, wenn der Vater die Straße heraufkam. War ihm entgegengelaufen, hatte seine Tasche getragen und seine Hand gehalten. Hier kam ihr alles so künstlich vor. Als wäre der Vater ein Gast. Er wusste nichts von ihr, sie wusste nichts von ihm. Wie geht's dir? Gut. Schau, was ich dir mitgebracht habe. Dann reichte er ihr ein Päckchen. Kleine Puppen, die sie sich früher heiß gewünscht hatte, rosarote Bleistifte mit Bärchen, einen rosaroten Notizblock. Lauter Dinge für kleine Mädchen. Sie stellte sich vor, wie der Vater in einen Laden ging und sagte: Ich brauche ein Geschenk für mein kleines Mädchen. Sie war kein kleines Mädchen mehr. Uralt kam sie sich manchmal vor. Seit sie das Dorf verlassen hatten, war sie jeden Tag um ein paar Jahre älter geworden. Jetzt war sie viel älter als die Mutter, älter als der Vater, älter als die Oma. Viel, viel älter als Tante Paula.

Die Mutter trank ihren Kaffee im Stehen, den Blick fest auf die Küchenuhr gerichtet, als könnte sie dadurch die Backzeit beschleunigen. Nach genau zehn Minuten holte sie das Biskuit heraus, perfekt wie immer. Sie seufzte erleichtert, als hätte sie etwas Furchtbares erwartet, rollte die Teigplatte ein.

„Wenigstens ist sie nicht gebrochen", sagte sie. „Ich muss jetzt rennen. Du vergisst doch nichts?"

Die Mutter tat Maria Leid, gleichzeitig war sie böse auf sie, ohne recht zu wissen, warum.

Die Lehrerin brachte die verbesserten Aufsätze zurück. In Marias Heft stand. „Sehr gut! Ich habe deine Geschichte mit Freude gelesen und dabei etwas Neues erfahren." Maria hatte beschrieben, wie sie einem Schmetterling zusah, der aus der Puppe schlüpfte und seine Flügel entfaltete. Zu Hause natürlich.

„Magst du uns deine Geschichte vorlesen?“, fragte die Lehrerin. Maria schüttelte den Kopf. Die würden nur wieder lachen über ihre komische Aussprache. Je mehr sie sich bemühte, so zu reden wie die anderen, umso lauter lachten sie. Es war besser, den Mund zu halten.

Fasiye weigerte sich heute auch, ihren Aufsatz vorzulesen. Sie kaute an ihrer Unterlippe und gab keine Antwort. Seltsamerweise ließ die Lehrerin sie in Ruhe. Maria wunderte sich.

In der letzten Pause ging sie in den Waschraum, und da war Fasiye und schlug mit dem Kopf an die Wand, immer wieder. Maria wollte lautlos verschwinden, da drehte sich Fasiye um und wandte ihr ein erschreckend graues Gesicht mit aufgerissenen Augen zu.

„Meine Schwester heiratet!“, stieß sie heraus.

Maria wusste nichts zu sagen. Was war daran so schlimm?

Sie kannte Fasiye kaum, eine besonders eifrige Schülerin, die in den Pausen fast immer mit türkischen Mädchen aus anderen Klassen plauderte und kicherte. Wollte Fasiye gefragt oder in Ruhe gelassen werden? Zögernd legte Maria den Arm um sie.

„Sie will ja nicht!“

„Warum sagt sie das nicht?“, fragte Maria.

Fasiye schüttelte ihren Arm ab. „Du hast überhaupt keine Ahnung. Sie wird verheiratet, basta! Mit einem alten Mann. Weil sie als Deutsche nicht gut genug ist für einen jungen.“

„Wieso Deutsche?“

Fasiye schlug mit der geballten Faust in ihre linke Hand. „Weil das so ist. Hier sind wir Türken. Dort sind wir Deutsche. Weil wir hier gelebt haben und weil man nie wissen kann, ob wir wirklich brave Mädchen sind.“ Ihre Stimme war so scharf, dass es wehtat.

„Und was seid ihr wirklich?"

„Woher soll ich das wissen?" Fasiye, die fleißige, höfliche, knallte die Toilettentür hinter sich zu, dass die ganze Wand wackelte.

Gleich nach der Schule lief Maria zu Tante Paula. „Ich kann heute nicht, aber wir können gleich den Kinderwagen hinuntertragen."

„Lieb von dir." Tante Paula zeigte keine Enttäuschung. Warum habe ich ihr nicht gesagt, dass ich auf den Markt gehen muss, überlegte Maria später und wusste keine Antwort.

Der Markt war bunt und laut wie immer, ein Gewirr von Stimmen und Farben und Düften. Fast wie der Markt zu Hause, nur die an den Beinen zusammengebundenen Hühner und Enten fehlten.

Von allen Seiten tönten fremde Sprachen. So viele fremde Laute, tief aus der Kehle, klingend wie Gesang. Hier auf dem Markt war es normal, anders zu sein.

Ein Mädchen mit Kopftuch, kaum älter als Maria, wog ihr Äpfel ab. Das Mädchen hatte sehr dunkle Augen, aber strahlend dunkel, und sie lächelte, als wüsste sie etwas, das sie nie verraten würde. Maria vergaß das Wechselgeld, erst als das Mädchen ihr nachrief, drehte sie sich um und ließ sich die Münzen in die Hand drücken. Das Metall fühlte sich warm an.

Ein alter Mann stand hinter einem Berg von Erdbeeren. Ab und zu öffnete sich sein Mund, Gold blinkte, und er rief etwas, das wohl „zuckersüße Erdbeeren" heißen sollte. Die Mutter hatte keine Erdbeeren aufgeschrieben; aber wenn sie gewusst hätte, wie rot die waren, hätte sie es bestimmt getan. Entschlossen verlangte Maria ein halbes Kilo. Der Markt war aufregend und beängstigend zugleich. Sie wollte bleiben und war doch immer froh, wenn sie alles besorgt hatte und weglaufen konnte. Als sie die Hauptstraße erreichte, schwang sie die Einkaufstasche weit vor und zurück. Daheim hatten sie die Milchkanne im Kreis geschwenkt. Wenn man es richtig machte, ging dabei kein Tropfen Milch verloren, man durfte sich nur nicht ablenken lassen und nichts vom Schwung verlieren.

Maria schloss die Wohnungstür auf. Die Schuhe ließ sie draußen stehen. Die Freitagswohnung durfte man nicht mit Schuhen betreten. In der Küche packte sie ihre Einkäufe aus. Die Erdbeeren waren völlig zermatscht, nur eine einzige war ganz geblieben.

Es klopfte. Tante Paula sah mit einem Blick, was passiert war. „So ein Pech!“ Sie nahm ein Sieb vom Haken, wusch die Erdbeeren vorsichtig und zerdrückte sie. „Noch ein bisschen Zucker darauf. Dann habt ihr zum Nachtisch Erdbeermus“, sagte sie. „Hilfst du mir jetzt, die Kinder heraufzuholen?“

Später polierte Maria die Äpfel. Ob sie dieses Mädchen vom Markt auch zum Heiraten zwingen würden? Und Fasiye selbst?

Woher soll ich das wissen? Woher soll ich wissen, was ich bin? Maria polierte an dem Apfel, bis das Tuch riss. Sie faltete es zusammen, verstaute es ganz hinten im Küchenschrank, ordnete die Äpfel in eine Schüssel. Schön sah das aus.

Sie war noch nicht mit den Hausaufgaben fertig, als die Mutter keuchend und verschwitzt angehetzt kam. Ein letzter Inspektionsgang durch die Wohnung, sie verrückte hier eine Vase, dort ein Deckchen, bevor sie im Badezimmer verschwand. Von Zeit zu Zeit tönte über dem Wasserrauschen eine Frage durch die Tür. „Hast du an die Radieschen gedacht?“ „Ja.“ „Die Bananen?“ „Ja.“ Und so weiter, die ganze Einkaufsliste durch.

Maria ließ sich Zeit mit dem Rechnen. Wenn sie fertig war, würde sie ja doch nur herumsitzen müssen, bis der Vater kam. Vergangene Woche hatte sie die Mutter gebeten, einen Bibliotheksausweis zu unterschreiben. Die

Mutter hatte erschrocken abgelehnt. Maria hatte sie nicht überzeugen können, dass diese Unterschrift ganz und gar ungefährlich war. Sie wollte nicht einmal darüber reden. „Man soll nie etwas Schriftliches aus der Hand geben, daraus drehen sie einem einen Strick."

Maria zog an ihren Fingern und ließ die Knöchel knacken. Viermal knackte es laut und vernehmlich. Leider hatte sie vergessen, vorher eine Frage zu stellen, also wusste sie nicht, ob sie in vier Jahren ihren Liebsten kennen lernen, vier Kinder oder einen Vierer auf den nächsten Aufsatz bekommen würde. Sie ging zum Spiegel. Eigentlich sah sie ziemlich normal aus. Woran lag es, dass die Kinder in der Klasse sie immer so merkwürdig musterten? Als trüge sie den Mund auf der Stirn. Besonders hübsch war sie nicht, nicht blond wie Ines, nicht großäugig wie Katja, sie hatte keine Grübchen in den Wangen wie Uschi, kein ebenholzschwarzes Haar wie Schneewittchen und kein goldenes wie Rapunzel.

Die Badezimmertür quietschte. Maria huschte an ihren Platz zurück, beugte sich über das Heft.

Die Mutter trug einen weißen Handtuchturban und duftete. Schön sah sie aus, wie sie ihre Haare rubbelte.

Dann saßen sie und warteten. Die Mutter holte nach einer Weile ihr Strickzeug heraus. Sooft Schritte im Treppenhaus erklangen, hörte das Klappern kurz auf. Maria blätterte in ihrem Lesebuch, das sie fast auswendig kannte.

Als der Vater mit dem Schlüsselbund an die Tür klopfte, waren sie nach all dem Warten überrascht. Sie sprangen beide auf, die duftende Mutter umarmte den verschwitzten Vater mit dem Stachelbart, der über ihre Schulter der Tochter zuzwinkerte. Er verlangte ein Glas Wasser, verschwand ins Badezimmer, die Mutter rannte in die Küche, setzte Kartoffeln auf, Maria deckte den Tisch, alles wie jeden Freitag, und wie jeden Freitag hatte Maria auch heute ein leises Gefühl der Enttäuschung. Als hätte dieses eine Mal alles anders sein müssen.

Beim Essen lobte der Vater das Fleisch, die Soße, die Kartoffeln, den Salat.

„Wie war's?", fragten sie einander, und keiner wusste so richtig zu antworten.

„Du erzählst gar nichts", klagte die Mutter. „Da bist du in allen möglichen aufregenden Gegenden, und ich möchte so gern ein bisschen dabei sein, verstehst du das nicht?"

Der Vater nickte und runzelte die Stirn dabei. „Du stellst dir das falsch vor. Was sehe ich schon von den aufregenden Gegenden? Die Straße, die Tankstellen, den Trottel, der im falschen Moment überholt ..."

„Was willst du am Wochenende machen?"

„Ausschlafen. Daheimsein. Alles, nur nicht Auto fahren."

Die Mutter fragte nicht mehr, wozu sie eigentlich das Auto gekauft hätten. Es stand unten vor dem Haus unter einer grauen Plastikplane, die ganze Woche lang.

Nach dem Essen sahen sie sich einen Krimi im Fernsehen an. Der Vater spielte mit Mutters Haaren. Endlich legte der Kommissar dem Schuldigen Handschellen an. Maria ging zähneputzen. Als sie im Bett lag, hörte sie nebenan die Mutter lachen, wie sie sonst nie lachte. Maria zog sich die Decke über den Kopf.

Kalt war ihr auch. Zu Hause hatte sie ein riesiges Federbett gehabt. Die Oma hatte den Überzug genäht und ihn mit selbst gerupften Daunen gefüllt. Maria wollte ihr Federbett unbedingt mitnehmen, aber der Vater erklärte, dafür sei nun wirklich kein Platz. Die Mutter schenkte es einer Nachbarin und sagte. „Gott sei Dank hat die Oma es nicht erleben müssen, wie ihre Federbetten zurückbleiben." Der Vater hatte sich an den Kopf gegriffen.

Das Federbett war ein Haus gewesen, in dem Maria sich verstecken, in dem sie mit ihrer Puppe wohnen konnte. Die neue Steppdecke war eine Decke, nichts weiter, und lange nicht so groß.

5

Am Sonntag fuhren sie dann doch mit dem Auto bis an den Stadtrand. Sie wanderten durch den Wald, sahen Blaumeisen, Stieglitze, Spechte und Grünlinge. Sie standen lange vor einem Ameisenhaufen. In einem kleinen Teich flitzten Kaulquappen herum, Wasserläufer schossen auf langen Beinen hin und her; das Wasser sah aus, als hätte es eine dünne, feste Haut.

Sie lagen in einer Wiese, Käfer krabbelten über Halme und Stängel. Der Vater kitzelte die Mutter mit einer Margerite hinterm Ohr.

Als die Sonne schon schräg stand, saßen sie in einem Gasthausgarten. Ein junger Mann spielte Mundharmonika, Vögel zwitscherten.

Maria wünschte sich auch eine Mundharmonika. Vielleicht könnte sie dann die Sonntagabendtraurigkeit wegspielen. Immer dann, wenn es schön, wenn es endlich richtig wurde, musste der Vater ans Wegfahren denken. Kaum waren sie zu Hause, holte die Mutter Hemden und Unterwäsche und Pullover aus dem Schrank, die lagen auf dem Tisch und ließen keinen Augenblick vergessen, dass es wieder vorbei war. Der Vater antwortete gereizt auf jede Frage und die Mutter bekam diese beiden Falten um den Mund.

„Wann musst du morgen früh fahren?“ Es klang wie ein Vorwurf, nicht wie eine Frage.

„Um halb vier. Wie immer.“

Am Sonntagabend hörte Maria kein Lachen aus dem Schlafzimmer.

Der Vater war längst weg, als sie aufwachte. Beim Frühstück hatte die Mutter wieder Zeit, sich darüber aufzuregen, dass Maria ihr halbes Brot stehen ließ.

In der Schule aber geschah ein Wunder.

Katja lächelte Maria entgegen, schaute sie mit ihren

großen Augen an und sagte: „Magst du dich neben mich setzen? Ich hab auch schon gefragt, die Lehrerin hat nichts dagegen.“

„Und Ines?“

Katja zuckte mit den Schultern, verzog den Mund.

„Soll sie sich neben Lore setzen. Oder von mir aus neben Hannes.“

Maria glaubte, nicht richtig gehört zu haben. Katja und Ines waren beste Freundinnen. Sie hatten Haarspangen, Armbänder und Pullover getauscht. Einen Moment lang fühlte Maria Mitleid mit Ines, aber dann war sie nur glücklich, wild und wunderbar glücklich. Sie bemühte sich, den Jubel zu unterdrücken und möglichst gelassen zu sagen: „Wenn du meinst.“

In der Pause hakte Katja sich bei ihr ein und ging mit ihr im Schulhof auf und ab. Sie erzählte vom Wochenende, das sie bei ihrer Tante auf dem Land verbracht hatte, von dem Apfelschimmel, auf dem sie geritten war, und wie der Onkel gesagt hatte, er kenne niemanden mit so viel Pferdeverstand wie Katja. Nächstes Wochenende wolle sie unbedingt wieder hinausfahren, notfalls allein mit dem Zug.

„Zu Hause bin ich auch geritten“, sagte Maria.

„Auf einem Ackergaul?“, fragte Katja, aber sie drückte dabei Marias Arm. „Der Apfelschimmel ist ein Warmblut. Vielleicht kannst du einmal mitkommen und zuschauen. Meine Tante hat auch einen süßen Hund, so ein weißes Wollknäuel, angeblich wird einmal ein ungarischer Hirtenhund daraus. Er hat immerzu an meinen Schuhbändern geknabbert, wenn er nicht gerade Schmetterlinge gejagt hat. Einmal ist er so hoch gesprungen, dass er sich völlig verdreht hat und auf dem Rücken gelandet ist. Der hat vielleicht dumm geschaut! – Und was habt ihr gemacht?“

„Einen Ausflug in den Wienerwald, mit meinem Vater.“

„Na ja. Auch ganz schön.“

„Sehr schön sogar.“

Maria hörte die Herablassung in Katjas Stimme. Doch das war nicht wichtig. Wichtig war, dass sie nebeneinander gingen, Arm in Arm, mitten durch den Schulhof, links herum, rechts herum, und alle sahen, wie Katja mit Maria redete. Katja, die sich ihre Freundinnen aussuchen konnte.

Am Nachmittag überlegte Maria lange, ob sie Tante Paula begleiten sollte. Sie wollte nicht von Katja mit dem Kinderwagen gesehen werden. Wenn es wenigstens ein hübscher Wagen gewesen wäre. Aber er war uralt, mit dünnem Hartgummi an den rostigen Rädern, die Seiten gestreift von Regen und weggeschwemmter Erde. Sie beschloss, heute nur beim Tragen zu helfen, doch dann freute sich Tante Paula so ansteckend, als Maria an die braune Tür klopfte, dass sie einfach mitgehen musste.

Gleich beim Eingang trafen sie Herrn Swoboda und Capitano. Es sah fast so aus, als hätten die beiden auf sie gewartet. Capitano hüpfte in den Kinderwagen und beschnupperte jede Pflanze, aber er riss keine aus. Er schüttelte Tante Paula und Maria die Hände.

Als sie am Spielplatz vorbeikamen, hatte Maria eine Idee. „Darf ich mit ihm schaukeln?“, fragte sie Herrn Swoboda.

„Kannst es gern probieren. Aber wickle dir die Leine fest ums Handgelenk.“

Maria setzte sich auf die Schaukel und nahm Capitano auf den Schoß. Zuerst stieß sie nur ganz sachte ab, dann schaukelte sie immer höher. Sie hatte das Gefühl, dass es Capitano gefiel.

Tante Paula und Herr Swoboda schauten zu. Nach einer Weile kamen Kinder angelaufen. Capitano wurde unruhig. Maria ließ die Schaukel auspendeln und trug ihn zurück. „Du magst es auch nicht, wenn dich alle anstarren, gelt?“, flüsterte sie ihm zu. Er vergrub sein Gesicht an ihrem Hals.

„Eifersüchtig könnte man werden“, sagte Herr Swoboda. „Wenn man dafür Talent hätte.“

Später setzten sie sich auf eine Bank vor den Rosenbeeten. Capitano spazierte auf der Lehne auf und ab. Tante Paula kramte einen kleinen Spiegel aus ihrer Handtasche. Capitano betrachtete ihn neugierig, schnitt Grimassen, schnupperte am Glas, leckte daran. Er schüttelte sich. Der Spiegel schmeckte ihm nicht. Bald verlor er das Interesse daran. Er hüpfte auf Marias Schultern und kämmte mit seinen Fingern durch ihre Haare. Sie hatte Mühe stillzuhalten. Nach einer Weile fing er an, ärgerlich zu schnattern.

Herr Swoboda lachte. „Er ist böse, dass du keine Läuse hast.“

Er und Tante Paula erzählten sich lauter Bruchstücke von Geschichten, die zusammen ein Puzzle ergaben, das Maria nicht zusammensetzen konnte.

So ähnlich war es gewesen, wenn die Oma und Tante Milli daheim miteinander geredet hatten. Nur hatte die Oma dabei Äpfel geschält oder Gemüse geputzt oder Gänse gerupft, und Tante Milli hatte an ihrem großen Vorhang gehäkelt und zwischendurch laut gezählt.

Herr Swoboda wandte sich an Maria. „Du hast schon ein Glück, dass du eine so liebe Großmutter hast, weißt du das?“

„Wir sind überhaupt nicht verwandt“, sagte Tante Paula schnell.

„Umso mehr Glück“, erklärte Herr Swoboda. „Für Sie auch, wenn ich es genau überlege.“

Maria spürte, wie sie heiß anlief. Sie wäre heute ja beinahe nicht gekommen.

„Es gibt schlimmere Verwandte“, sagte Tante Paula trocken.

Capitano rollte sich in Marias Schoß zusammen. Sie kraulte ihn am Hinterkopf und am Rücken. Ab und zu packte er einen ihrer Finger und hielt ihn fest.

„Der Capitano hat richtig einen Affen an dir gefressen“, sagte Tante Paula auf dem Heimweg. Und der Herr Swoboda an dir, dachte Maria, aber das sagte sie nicht.

Am Dienstag saß Katja neben Maria, als wäre das von jeher ihr Platz auf der Welt, Katja flüsterte mit ihr, lachte mit ihr und tauschte das Schulbrot mit ihr. In der Zehnuhrpause fragte sie, ob Maria Lust hätte, sie am Nachmittag zu begleiten, sie müsse etwas abholen von ihrer Tante.

„Wird deine Tante nichts dagegen haben?“, fragte Maria.

„Aber woher denn. Wir bleiben ja auch nur ein paar Minuten.“ An Ines schaute sie wieder vorbei. Maria spürte wieder einen winzigen Stich Mitleid, doch dann musste sie lachen, weil Katja nachmachte, wie Ines den Kopf vorstreckte, wenn sie zur Tafel gerufen wurde.

„Gleich nach dem Mittagessen treffen wir uns an der Straßenbahnhaltestelle“, sagte Katja. „Sei pünktlich.“

Maria rannte in die Seidengasse, schlang das Essen kalt aus dem Topf in sich hinein, ohne zu wissen, was sie da aß. Als sie den Topf abgespült hatte, meinte sie, es sei unendlich viel Zeit vergangen. Wenn Katja schon an der Haltestelle stand? Ungeduldig wartete? Womöglich wegfuhr?

Im Hinunterlaufen hörte Maria Tante Paulas Tür aufgehen. Vielleicht war es gar nicht ihre Tür gewesen, sondern eine andere. Und wenn es wirklich Tante Paula gewesen war, konnte Maria ihr auch nicht helfen. Schließlich war sie nicht verpflichtet, jeden Tag mit der alten Frau in den Park zu latschen. Wirklich nicht.

Dann stand Maria an der Haltestelle. Eine Straßenbahn kam, eine zweite, eine dritte. Leute stiegen ein und aus, Autos fuhren vorbei, ein kleiner Bub rammte sie mit seinem überraschend harten Schädel. Bei der fünften Straßenbahn war Maria überzeugt, dass Katja längst weggefahren war. Trotzdem blieb sie stehen. Auf der gegenüberliegenden Straßenseite lehnte ein Mann aus dem Fenster. Warum musterte er sie so? Da legten sich zwei Hände vor ihre Augen. Fast hätte sie aufgeschrien. Mit verstellter Stimme fragte Katja: „Wer bin ich?“

Die nächste Straßenbahn ließ lange auf sich warten. Katja tanzte ungeduldig herum.

Sie fuhren bis zur Endstation, gingen zwischen Einfamilienhäusern mit Gärten den Hügel hinauf. In einem Garten rupfte eine unwahrscheinlich dicke Frau in kurzen Hosen Unkraut aus. Katja fing an, laut zu singen: „Der Mond ist aufgegangen..." Immer wieder diese eine Zeile. „Warum singst du nicht mit?", fauchte sie Maria an. Maria wusste keine Antwort.

Nach ein paar Minuten hatte Katja ihren Ärger vergessen. Sie setzte einen Fuß genau vor den anderen auf die Bordsteinkante: „Wer danebentritt, fällt ins schwarze Loch und wird vom großen bösen Nichts gefressen." Maria ging hinter ihr her, nach wenigen Schritten bemerkte sie, wie ihre Beine zu zittern begannen. Eine unheimliche Spannung breitete sich in ihr aus. Ist doch nur ein Spiel, dachte sie immer wieder, aber es half nicht.

Mit einem Satz sprang Katja mitten auf den Gehsteig.

„Wir haben gewonnen!", rief sie.

Sie erreichten die Hügelkuppe, bogen in einen schmalen Weg zwischen den Büschen ein. Vor einem grünen Gittertor blieb Katja stehen und schob den Riegel zur Seite. „Du darfst dich über nichts wundern und keine Fragen stellen. Versprochen?"

Maria nickte.

Über einen Kiesweg voller Löwenzahn gingen sie zu einem kleinen Haus unter einem riesigen alten Kirschbaum. Die Haustür stand offen, eine Schwalbe flitzte direkt über Marias Kopf ins Freie. Der Boden war von Vogelmist gesprenkelt.

Aus einem Zimmer am Ende des Ganges rief eine tiefe Stimme. „Kommt doch rein!"

An einem Webstuhl saß eine kleine zarte Frau, kaum größer als Maria. Sie umarmte Katja, reichte Maria die Hand und sagte mit der tiefen Stimme, die überhaupt nicht zu ihr passte: „Willkommen!" Gleich darauf lief sie in die Küche und brachte hohe grüne Gläser und einen Krug. „Hollersaft“, sagte sie. „Von dem Holunderbusch hinterm Haus.“

Maria trank andächtig in kleinen Schlucken. Ihre Oma hatte jedes Jahr Holunderblüten mit Zucker und Zitrone angesetzt.

Das Zimmer war niedrig, voll gestellt mit den verschiedensten Dingen, und es sah aus, als müsse es genau so sein und nicht ein bisschen anders. Hätte man irgendeine Sache von den vielen, die da kreuz und quer herumlagen, weggenommen, so wäre das Ganze nicht mehr richtig gewesen.

Maria wunderte sich über ihre eigenen Gedanken.

„Schau dich ruhig um“, sagte die Frau.

Auf dem Webstuhl entstand ein Bild. Eine riesige Sonne leuchtete in allen Farben über einer Wüste, aber wenn man genau hinsah, war es keine Wüste, sondern eine Bergkette, nein, eine Hügellandschaft, und überall waren Menschen und Häuser und Tiere und Pflanzen, nicht wirklich zu erkennen, aber eindeutig vorhanden, ganz ohne Frage. Was für ein Gewimmel, dachte Maria. Zum Schwindligwerden.

Die Frau lächelte ihr zu. Sie drückte Katja ein Päckchen in die Hand.

„Hast du Geburtstag?“, fragte Maria.

Katja lachte. „Vor drei Monaten. Oder in neun Monaten. Du kannst dir's aussuchen.“

Die Frau erklärte, Geburtstag könne jeder feiern, wie er wolle, sie habe sich entschieden, immer am Geburtstag ihrer einzigen Nichte ein Geschenk anzufangen. „Das gebe ich Katja dann, wenn es fertig ist, beziehungsweise wenn sie zu Besuch kommt.“

In dem Päckchen war ein Bild aus bunten Stoffflicken: Ein Ballon mit einem Mädchen darin schwebte über einer Landschaft, Giraffen reckten ihre Hälse, Elefanten die Rüssel, ein Stachelschwein seine Stacheln.

Die Frau fing an, in ihren Schubladen herumzukramen. Endlich fand sie, was sie suchte. Sie nahm Marias Hand und schloss sie über etwas, das sich anfühlte wie ein Band.

Es war ein Lesezeichen, gewebt in allen Farben. In einer Ecke stand vor einem hellblauen Streifen eine kleine gelbe Blume. Maria konnte nur flüstern: „Danke!“

Beim Abschied sagte Katjas Tante, sie hoffe, dass Maria wiederkommen werde.

„Na?“, fragte Katja, sobald sie das grüne Gittertor hinter sich geschlossen hatte. „Wie findest du sie?“

Maria wusste nichts zu sagen, alle Wörter, die ihr einfielen, kamen ihr so farblos vor. „Verwunschen“, murmelte sie schließlich.

„Verrückt“, sagte Katja. „Aber sie ist natürlich eine Künstlerin.“

Maria hatte keine Lust, jetzt über die Frau zu sprechen. Sie trug das Bild auf dem Webstuhl hinter den Lidern, mit allen Einzelheiten, und hatte Angst, es könnte zerrinnen, wenn sie redete. Ihr Schweigen schien Katja nicht weiter zu stören. Sie erzählte, dass ihre Tante schon ein Webbild nach Amerika verkauft hatte, an einen berühmten Sammler, und dass große Firmen ihr viel Geld für die Muster geboten hatten. „Aber sie hat gesagt, das kommt gar nicht in Frage. Sie kann nicht verhindern, dass ihre Muster nachgemacht werden, aber niemals mit ihrer Zustimmung. Mein Vater hat getobt. ‚Du lädst sie ja geradezu ein, dich zu bestehlen‘, hat er geschrien, ‚du gehörst unter Kuratel gestellt.‘“

„Kuratel?“, fragte Maria. „Was heißt denn das?“

„Weiß ich auch nicht genau“, gab Katja zu. „In dem Moment hätte ich nicht fragen können und dann habe ich nicht mehr daran gedacht. Ich glaube, es ist so was Ähnliches wie eine Zwangsjacke. Und gleich darauf ist die Tante für sechs Monate verschwunden mit irgendeinem Kerl, den mein Vater sowieso nicht ausstehen konnte. Ausländer war er auch.“ Sie unterbrach sich. „Interessiert dich das überhaupt?“

„Und wie!“ Katja schien zufrieden. „Weißt du, dass es in jeder besseren Familie irgendeine Verrückte gibt? Aber es ist natürlich ein Geheimnis, versprich mir, kein Wort davon zu verraten. Ich habe dich nur mitgenommen, weil du jetzt meine Freundin bist."

Auf der Hügelkuppe blieb Katja stehen. „Weißt du, was wir jetzt machen? Wir rollen die Wiese hinunter, unten lassen wir dann den Kopf zwischen den Beinen durchhängen. Wenn die Welt aufhört, sich zu drehen, musst du dich hinsetzen. Verstanden?"

Maria nickte. Sie legte sich wie Katja, mit über dem Kopf ausgestreckten Armen, fing an zu rollen, rollte immer schneller, bis sie unten in einer Bodensenke landete. Wie schnell sich die Welt drehte! Was für einen funkelnden Farbenregen sie hinter sich herzog! Das Aufstehen fiel ihr schwer, Maria meinte, sie würde sofort wieder hinfallen, aber dann stand sie, ließ den Kopf zwischen den Beinen baumeln, hielt die Augen gewaltsam offen und sah zu, wie die Bäume, die Sträucher, die Häuser in einem farbigen Strudel an ihr vorbeizogen. In ihren Ohren dröhnte lautes Hämmern, darüber lag ein heller, sirrender Ton. Als die Welt wieder stillstand, richtete sich Maria auf. Katja saß im Gras und schaute sie erwartungsvoll an. „Hat's dir gefallen?"

„Herrlich", sagte Maria voll Überzeugung.

Katja streckte Maria die Hand hin, sie zogen einander hoch. Hand in Hand rannten sie zur Straßenbahn, stellten fest, dass sie beide die gleichen Lieblingsplätze hatten: die beiden vordersten im zweiten Wagen.

Plötzlich sagte Katja: „Sag, hast du immer so unmögliche Unterhosen? Also ich würde mich schämen. Man weiß ja nie, man könnte einen Unfall haben, und was denken die dann im Krankenhaus?"

Natürlich. Beim Hinunterrollen hatte Katja Marias Unterhose gesehen. Die Oma hatte sie genäht, sechs Stück aus den guten Teilen zerschlissener Leintücher. Und die Mutter hatte gemeint, die könnte Maria wirklich austragen, es gäbe jetzt Wichtigeres, das sie kaufen müssten, und die Unterhosen sehe ja doch keiner.

Maria schämte sich.

Während der Schulstunden und in den Pausen wartete Maria darauf, dass Katja wieder etwas für den Nachmittag vorschlagen würde. Aber Katja redete kaum mit ihr, war irgendwie abwesend. In der großen Pause sagte sie: „Ich weiß nicht, wenn man bei dir alles einzeln anschaut, Augen, Nase, Mund und so weiter, dann ist das gar nicht so furchtbar. Es passt nur nichts zusammen, kein Teil mit dem anderen." Damit ließ sie Maria stehen.

In der letzten Stunde schrieb Katja hinter vorgehaltener Hand etwas auf einen Zettel. Maria wurde an die Tafel gerufen, bevor sie sehen konnte, wem Katja den Zettel reichte. Sie ahnte es ohnehin.

Gleich nach dem Läuten stürmte Katja davon. Fasiye suchte Marias Blick, aber Maria tat, als merke sie es nicht. Sie ging allein in die Seidengasse. Dunkle Wolken zogen über die Stadt. Als Maria die Wohnungstür aufschloss, klatschten die ersten Tropfen gegen die Fensterscheiben.

Sie trat zum Spiegel, versuchte, die Teile zu zwingen, doch zusammenzupassen. Je länger sie starrte, desto mehr zerfiel ihr Gesicht.

Es klopfte an die Tür. Tante Paula stand im Treppenhaus.

„Ich wollte dir nur sagen, dass ich jetzt gehe."

„Aber es schüttet!"

Tante Paula nickte. „Was für ein Glück, dass ich mit dem Gießen gewartet habe. Der warme Regen wird den Kindern gut tun. Besonders dem Spinat. Der trauert."

Maria nahm ihren Regenmantel vom Haken. Der Gedanke, den ganzen Nachmittag in der Wohnung zu hocken und zu warten, bis es später wurde, war scheußlich. Dann lieber Regen. Wenn sie mit Tante Paula unterwegs war, musste sie auch nicht über Katja nachdenken.

Der Park war menschenleer. „Jetzt gehört er nur uns", sagte Tante Paula.

Sie drehte ihre Runden, bis ihnen das Wasser aus den Haaren lief und in den Schuhen schwappte. Es tropfte aus dem Abflussloch, das Tante Paula in den Kinderwagen gebohrt hatte. In einer Pfütze badete ein Spatz, er schüttelte sich und tschilpte laut.

In der Wohnung rubbelte Tante Paula zuerst Marias und dann ihre eigenen Haare trocken. Sie wärmten sich die Hände an ihren Teebechern. Tante Paula kramte ein Fotoalbum heraus und ließ Maria raten, welches von den bezopften, artig blickenden Mädchen sie gewesen war. Maria schaute vom Bild zu Tante Paula und von Tante Paula zum Bild.

Tante Paula kicherte. „So brav waren wir gar nicht. Nur für den Fotografen haben wir so getan. Die hier war meine beste Freundin."

„Dann musst du die links von ihr sein."

„Leider nein. Die wär ich gern gewesen. Ich bin die Dicke rechts."

Maria grinste. Dieses Mädchen blinzelte aus kleinen Augen über kugelrunden Backen in die Kamera. „Heute gefällst du mir aber viel besser!"

Tante Paula lachte. „So ein Glück."

Die Mutter kam völlig durchnässt nach Hause. Während des Abendessens sagte sie. „Weißt du, was merkwürdig ist? Jetzt tut es mir weh, wie sie über die Rumänen schimpfen. Und früher haben wir genau so geredet. Wenn ich denke, wie ich gejubelt habe, als wir die Pässe bekamen. Ich hab gedacht, jetzt fahren wir in die alte Heimat. Jetzt wird alles gut."

Maria stand auf und goss Hagenbuttentee nach. Die Mutter fuhr ihr übers Haar. Dann starrte sie ihr Brot an, als wundere sie sich, wie es in ihre Hand gekommen war. Draußen schrien zwei Leute einander an. Die Mutter straffte sich. „Glaub nur nicht, es täte mir Leid, dass wir ausgewandert sind. Du weißt ja nicht, was es bedeutet hätte, dort weiterzuleben. Du warst noch zu klein, da war dir das Dorf groß genug. Aber später, wenn deine Sprache, deine Art zu leben dich ausschließt ... Hier kannst du sogar studieren, wenn du fleißig lernst. Alles ist möglich." Sie strich über das Tischtuch. „Sag doch was. Früher warst du nie so verstockt."

„Ich brauch noch eine Unterschrift", sagte Maria.

Die Mutter fuhr auf, aber als sie das „Sehr gut" sah, lächelte sie wieder. „Siehst du", sagte sie. „Das hab ich gemeint. Alles ist möglich."

Auch am nächsten Tag fiel der Regen in einem dichten grauen Vorhang. Als Maria die Tür zu ihrer Klasse öffnete, saß Ines auf ihrem Platz und tuschelte und lachte mit Katja. Maria blieb neben der Tür stehen. Am liebsten wäre sie weggelaufen, aber sie hörte die schnellen Schritte der Lehrerin auf den Steinfliesen des Ganges. Die ging tatsächlich, als freute sie sich auf ihre Schüler. Sie betrat die Klasse, sah sich um und suchte Marias Blick. Maria starrte auf den Boden.

„Warum sitzt du nicht an deinem Platz, Ines?", fragte die Lehrerin.

„Das ist mein Platz. Wir haben uns wieder versöhnt."

Die Lehrerin bekam eine Falte auf der Stirn. „Es freut mich, dass ihr euch versöhnt habt. Aber wir spielen hier nicht ‚Bäumchen-wechsel-dich', das gäbe zu viel Durcheinander."

„Ines ist meine beste Freundin!", rief Katja.

Maria drückte sich enger an die Wand. Sie wollte nicht zuhören, wollte nicht hinschauen. Draußen vor dem Fenster bewegte sich ein Ast im Wind. Auf und ab, auf und ab.

„Maria, geh bitte an deinen Platz."

Maria rührte sich nicht. Die Lehrerin wurde ungeduldig. „Komm schon, wir wollen anfangen. Wir haben heute viel vor."

Maria fing einen wütenden Blick von Katja auf. Sie stolperte, obwohl gar nichts im Weg war. Ines stand langsam auf, drückte Katja die Hand. Hannes grinste und flüsterte laut: „Gleich werden sie flennen. Ein Abschied fürs Leben."

„Ruhe!", schimpfte die Lehrerin.

Maria hatte ihren Platz erreicht.

Katja holte ihr Lineal aus der Schultasche und legte es auf den Tisch, genau in die Mitte zwischen sich und Maria.

Den ganzen Vormittag über musste Maria das Lineal anstarren. In den Pausen flüchtete sie sich aufs Klo, wusch sich endlos lang die Hände. Sie weinte nicht.

In der letzten Stunde schob ihr Katja einen Zettel hin.

„Gib mir das Lesezeichen zurück", stand darauf.

Zu ihrer eigenen Überraschung schrieb Maria zurück: „Nein. Das war ein Geschenk für mich."

Katja zischte: „Überhaupt nicht. Für meine Freundin, hat meine Tante gesagt. Du bist nicht meine Freundin, Ines ist meine Freundin, also gehört es ihr."

Maria schüttelte den Kopf. Reden war ihr zu gefährlich.

„Diebin!"

Einige drehten sich um und musterten Maria.

Es läutete.

„Diebin!", wiederholte Katja.

„Mein Vati sagt auch, seit die Rumänen da sind, wird ständig gestohlen", sagte Fred.

„War sogar im Fernsehen", bestätigte Ines. „Dabei haben wir doch zu Weihnachten so viel gespendet, sagt meine Mutter. Aber die wollen nicht zu Hause bleiben und arbeiten. Und meine Oma sagt, wir haben hier viel mehr wieder aufbauen müssen, aber daran denkt keiner."

Maria ballte die Fäuste.

„Dich meinen wir doch nicht", sagte Uschi.

Das war besonders schlimm, Maria wusste selbst nicht, warum. Sie trödelte beim Einpacken, ging als Letzte aus der Klasse. Die Lehrerin sah sie an, als wollte sie etwas sagen, ließ es aber dann.

Die Straße war so nass, dass sich die Autos im Asphalt spiegelten.

Maria setzte sich an ihre Hausaufgaben. Die ganze Zeit sah sie das Lineal vor sich. Sie schaffte es nicht einmal, wütend auf Katja zu sein.

Die Wohnung war voll fremder Geräusche. Maria lauschte hinaus ins Treppenhaus.

Plötzlich merkte sie, dass der Regen aufgehört hatte. Das Stück Himmel, das sie sehen konnte, wenn sie den Kopf hob, war zartblau. Hoffentlich kam Tante Paula bald.

Sie wartete eine halbe Stunde und noch eine Viertelstunde. Tante Paula war doch nicht etwa allein gegangen? Sie hatte kein Wort darüber gesagt, dass Maria vorgestern einfach nicht aufgetaucht war. Vorgestern? Ja doch.

Maria lief in den zweiten Stock, horchte an der Tür mit dem Messingschild, auf dem in Schnörkelbuchstaben „Walter Müller“ stand. „Das Schild war an unserer Haustür“, hatte Tante Paula gesagt, „wir haben es zur Hochzeit bekommen.“ Auf Marias Frage, warum dann nicht „Paula und Walter Müller“ darauf stünde, hatte sie herzlich gelacht. „Das war eh klar.“

Maria legte ein Ohr an die Tür. Zuerst hörte sie gar nichts, dann meinte sie ein Stöhnen zu hören. „Tante Paula!“, rief sie und trommelte mit den Fäusten.

Wer schlurft da so, das konnte nicht Tante Paula sein, die trat doch immer fest und energisch auf. Es dauerte endlos lange, bis der Schlüssel im Schloss knirschte und die Tür aufging. Da stand tatsächlich Tante Paula, ein Tuch um den Kopf gebunden, im langen Nachthemd und Morgenmantel, darüber einen großen Wollschal, und flüsterte heiser: „Mich hat's erwischt. Komm nicht zu nahe, sonst steckst du dich an.“ Der Husten schüttelte sie so, dass sie sich am Türrahmen festhalten musste.

„Ich führe die Kinder aus“, sagte Maria.

„Das würdest du wirklich tun?“

„Sowieso.“ Maria schleppte den Kinderwagen ins Erdgeschoss, trug je zwei Blumentöpfe hinunter, dachte. Warum habe ich das nur gesagt? Hoffentlich treffe ich niemanden. Hoffentlich treffe ich niemanden.

Es war eine Sache, mit Tante Paula unterwegs zu sein. Eine völlig andere Sache war es, allein einen Kinderwagen mit zehn Blumentöpfen zu schieben. Natürlich klemmte das Haustor. Klar.

Wenigstens waren keine Kinder im Hof.

Im Eilschritt überquerte Maria die Straße. Jemand rief ihr etwas zu. Sie verstand kein Wort.

Büsche und Bäume glänzten im Regen. Die Bank, wo Maria und Tante Paula am liebsten saßen, war schon trocken und genau so sonnig und schattengesprenkelt wie sonst. Maria setzte sich nicht, sie drehte eine Runde und noch eine. Es schien ihr, als wäre sie in einem anderen Park.

Vor der Holzbrücke zum Alpengarten stürmten sie plötzlich aus dem Gebüsch, eine wilde Horde. Maria wusste später nicht, ob es sechs gewesen waren, acht oder sogar neun, ob mehr Buben oder mehr Mädchen, die da johlten und von allen Seiten nach dem Kinderwagen griffen.

Etwas platzte in Maria, sie wollte losschlagen. Mit der Wut im Hals, im Kopf, im Bauch, mit dieser ungeheuren Wut konnte sie auch einer Horde entgegentreten, ihre Arme waren Dreschflegel und stark, nur den Wagen musste sie loslassen. Kämpfen und den Wagen halten, das ging nicht gleichzeitig. Aber ihre Finger umklammerten den Griff, und sie hörte sich selbst sagen: „Lasst sie in Ruhe!“

Einer versuchte ihre Finger aufzuzwängen. Das tat sehr weh.

„Ist doch nur Unkraut!“

„Das werfen wir jetzt auf den Mist, wo’s hingehört!“

Ein Mädchen mit wunderschönen Locken griff nach der Tomatenpflanze, die schon zwei gelbe offene Blüten trug. Maria schlug hart auf die Finger am Rand des Blumentopfes. Das Mädchen schrie auf.

„Ja, was ist das für ein böses Mädi?", fragte ein Großer im knallgelben T-Shirt. „So ein böses Mädi müssen wir bestrafen!"

Ein anderer riss Marias rechten Arm hoch und hielt ihn hinter ihrem Rücken fest. Sie wollte denen nichts vorheulen. Aber sie spürte, sie würde die Tränen nicht mehr lange zurückhalten können. Verbissen krallte sie sich am Wagengriff fest.

„Jeder nimmt zwei Töpfe", rief das Mädchen, „und wir ballern sie gleichzeitig über die Brücke."

„Sind nicht genug für alle", sagte ein Bub.

„Dann halt einen, ist doch egal! Also los: eins ... zwei ..."

In diesem Augenblick kam ein kleiner schwarzer Hund um die Ecke geschossen und bellte laut. Der im gelben T-Shirt sprang auf die nächste Bank und wich zurück.

„Er tut nichts", sagte die Frau, die dem Hund nachgelaufen war. „Komm, Fausto." Sie ging ein paar Schritte. Maria presste die Lippen zusammen, um nicht zu schreien: Helfen Sie mir doch! Da drehte sich die Frau um, schaute Maria an und sagte. „Kommst du endlich?" Als wäre das die selbstverständlichste Sache der Welt.

Die Frau begleitete Maria bis zur Kreuzung. Dort fragte sie: „Geht's wieder?" Als Maria nickte, nickte sie auch.

„Mach's gut", sagte sie und verschwand im Gewühl.

Der Heimweg schien Maria weit. Als sie die letzten Blumentöpfe hinaufgetragen hatte, setzte sie sich auf die Treppe und weinte. Dann putzte sie sich die Nase, wischte über ihre Augen und klopfte bei Tante Paula. Sie erzählte nicht, wie viel Angst sie ausgestanden hatte. Sie erzählte überhaupt nichts von dem Überfall. Und kein Wort von Katja.

Der Mutter erzählte sie erst recht nichts. Die kam jeden Abend völlig erschöpft von der Arbeit, mit dunklen Ringen unter den Augen. Manchmal dauerte es lange, bis sie merkte, dass Maria ihr eine Tasse Tee hingestellt hatte.

In dieser Nacht träumte Maria von dem Überfall. Aber es waren nicht Kinder, die immer näher kamen, es waren Riesen, die nach den Blumentöpfen und nach Maria griffen. Sie fletschten die Zähne, und einer schwang ein Riesenlineal, als wollte er ihr damit den Kopf abschlagen.

„Hast du schlecht geträumt?“, fragte die Mutter beim Frühstück. „Du hast laut geschrien.“

„Irgendwas mit Riesen“, antwortete Maria. „Ich weiß auch nicht so genau.“

Die Mutter sagte, einer Kollegin sei gekündigt worden, und es sei niemand für sie eingestellt worden. „Ich weiß einfach nicht, wie lange ich das Tempo noch durchhalte.“

„Warum suchst du dir nicht eine andere Stelle?“

Die Mutter seufzte. „So einfach ist das nicht. Aber mach dir keine Sorgen. Hauptsache, du hast es einmal besser.“

Nein, der Mutter konnte Maria wirklich nichts erzählen.

Ihr Bauch tat weh, ihr Kopf, ihr Hals. Sie überlegte, ob sie zu Hause bleiben sollte. Aber Katjas Lineal war auch hier, sooft sie blinzeln musste, sah sie es aus den Augenwinkeln. Außerdem durfte sie nicht schwänzen. Solange sie gute Noten heimbrachte, freute sich die Mutter.

8

Auf dem Schulweg ließ sich Maria Zeit. Nur nicht vor der Lehrerin in die Klasse kommen. Sie blieb vor einem Schaufenster stehen und starrte die Plakate von fremden Städten und blauen Stränden an. Das Blau leuchtete. Dort müsste man sein.

Warum waren die Eltern ausgerechnet nach Wien ausgewandert? Wo es doch so viele andere Städte gab, so viele andere Länder. Zu Hause hatten sie von der Heimat geredet, in die sie eines Tages zurückkehren würden. Wieso zurückkehren?, hatte Maria gefragt. Ihr wart doch auch noch nie dort. Aber unsere Vorfahren, hatten sie gesagt. Diese Heimat hätte irgendwo hier sein sollen. War sie aber nicht. Ob es sie überhaupt gab?

Plötzlich spürte Maria, dass jemand hinter ihr stand. Sie drehte sich ruckartig um.

Es war Vicky. Sie sagte ganz freundlich „Hallo!“, und Maria bemühte sich, normal neben ihr herzugehen.

Ines und Katja gingen gerade ins Schulhaus. Auf der dritten Stufe drehte sich Katja um. Sie musste gesehen haben, wie Vicky mit Maria redete und ihr noch zuwinkte.

Als Erstes nahm Katja ihr Lineal aus der Schultasche und legte es wieder genau in die Mitte zwischen sich und Maria.

Die Lehrerin kam und hängte eine Weltkarte an die Tafel: braune Berge, blaue Flüsse und Seen, grüne Ebenen, blaues Meer. „Heute wollen wir eine Reise machen. Zuerst sehen wir uns an, von wo ihr alle gekommen seid. Hier sind viele bunte Fähnchen. Steckt eines dorthin, wo eure Heimatstadt oder euer Dorf ist.“

Omar steckte ein grünes Fähnchen in den Osten der Türkei, Fasiye ein weißes etwas weiter nördlich, Gordana ein rotes in den Süden von Serbien, Homai ein blaues in die Nähe von Bombay.

„Dürfen wir auch Fähnchen dorthin stecken, wo wir auf Urlaub waren?“, fragte Ines.

Die Lehrerin zögerte, doch dann meinte sie, es würde schließlich nicht schaden. Die Klasse drängelte um die Tafel. Bald sah Europa sehr bunt aus, auf allen Erdteilen mit Ausnahme von Australien steckte wenigstens ein Fähnchen.

„Und du?“, forderte die Lehrerin Maria auf.

Maria fiel es schwer, aufzustehen und zur Tafel zu gehen.

Sie nahm das letzte weiße Fähnchen. Wo lag überhaupt Hermannstadt? Wie mit einem Wurfpfeil zielte sie irgendwohin nordwestlich von Bukarest. Der weiße Wimpel zitterte in der großen Weltkarte.

„Bleib gleich da“, sagte die Lehrerin. „Wir wollen auch ein bisschen erfahren, wie es bei euch zu Hause aussieht, dann können wir alle in der Fantasie hinreisen und teilen, was jede und jeder gesehen und erlebt hat.“

Katja drehte sich zu Ines um.

Maria wäre am liebsten aus der Klasse gelaufen.

Die Lehrerin schaute erwartungsvoll.

Wie sollte Maria das Dorf schildern? Großmutters Haus mit den Sonnenblumen davor, den Gemüsegarten daneben, die Ringelblumen zwischen den Zaunlatten, den Apfelbaum, das Schwein in seinem Koben hinter dem Haus, die Gurkenblüten über dem Komposthaufen, den Brunnen, den Schuppen mit der offenen Tür? Sie wollte sie nicht beschreiben. Sie sah die hässlichen Flecken in der Hausmauer, wo der Verputz abgebröckelt war. Einer hatte die Form von Australien.

„Unser Dorf war berühmt für seine Gänse“, sagte sie endlich. „Sie waren groß und weiß, besser als jeder Wachhund haben sie aufgepasst. Kein Fremder konnte unbemerkt durchs Dorf gehen.“

„Jetzt gibt’s eine Gans weniger dort“, flüsterte Ines.

„Ruhe!“, mahnte die Lehrerin. „Wir wollen doch alle zuhören. Gab es auch einen Teich?“

Maria nickte, aber sie sagte nichts mehr, obwohl die Lehrerin sich bemühte, etwas aus ihr herauszuholen. Einen

Moment lang wäre sie gern eine Gans gewesen, hätte mit den Flügeln geschlagen und den Hals vorgestoßen und drohend gezischt. Über eine wütende Gans lachten bloß Leute, die nie eine gesehen hatten. Blöde Gans sagten nur Leute, die nichts von Gänsen verstanden.

„Du kannst dich setzen“, sagte die Lehrerin.

Wie weit der Weg zu ihrem Platz war, mitten durch das Gezischel und Gegrinse. Maria schaute durchs Fenster hinaus. Da hing eine kleine weiße Wolke im grauen Himmel.

In der Nacht hatte Maria gedacht, sie würde einfach auf Katja zugehen und sie fragen: Habe ich dir etwas getan? Dich geärgert? Jetzt wusste sie, dass es sinnlos war. Immer wieder kritzelte Katja etwas auf einen Zettel und gab ihn nach hinten weiter. Immer wieder tauschten Ines und Katja Blicke. Und in der Pause sagte Katja laut: „Ihre Unterhosen müsstet ihr sehen! Ihr würdet euch kaputtlachen.“

Tanta Paula sah noch kleiner aus als gestern und wurde noch heftiger vom Husten geschüttelt. Ihr Atem rasselte.

„Soll ich nicht einen Arzt holen?“, fragte Maria.

Tanta Paula flüsterte: „Nein, aber wenn du mir meinen Hustentee kochst ...“ Maria war froh, eine Aufgabe zu haben. Sie lief in die Küche, stellte den Teekessel auf, presste eine Zitrone aus. Als sie ins Zimmer zurückkam, saß Tante Paula gegen vier Kissen gestützt im Bett und versuchte zu lächeln. „Keine Angst, das vergeht schon. Ich war halt zu lange im Regen. Bin eben doch kein Baum.“

Maria hielt die Untertasse, während Tanta Paula in winzigen Schlucken trank. „Das tut gut“, seufzte sie. „Der Tee ist noch von daheim. Mit Salbei und Zitronenmelisse aus meinem Garten.“ Schweißtropfen standen auf ihrer Stirn. Maria brachte einen feuchten Lappen. Tanta Paula tätschelte ihre Hand. „Ich glaube, die Kinder können ruhig einmal einen Tag daheim bleiben.“

Einen Moment lang war Maria erleichtert. Woher wusste Tanta Paula, wie groß ihre Angst vor dem Park war? Dann aber straffte sie sich und dachte: Von den Widerlingen lasse ich mir nicht den Park verbieten. Dann hätten sie ja gewonnen. Heute bleibe ich nur auf den Wegen, wo viele Leute sind. Laut sagte sie. „Es ist aber schön draußen, und wenn sie genug Sonne geschluckt haben, können sie dir welche abgeben zum Gesundwerden."

Tanta Paula musterte Maria aus trüben, rot geäderten Augen. „Du bist ein sehr tapferes Mädchen", flüsterte sie.

Maria trug den Kinderwagen leer hinunter wie gestern. Es war zu gefährlich für die Blumentöpfe, mit dem vollen Wagen die Stufen hinunterzupoltern. Außerdem gewann sie so Zeit. Ihr Herz schlug an allen möglichen Stellen, wo es nicht hingehörte.

Als sie mit den letzten zwei Töpfen in den Hof kam, stand Lene neben dem Kinderwagen. Ausgerechnet Lene, die immer so spöttisch schaute. „Du fährst den Müller-Garten spazieren?", fragte sie. So patzig sie konnte, sagte Maria. „Ja – und?" Lene betrachtete die Pflanzen. Gleich rupft sie eine aus, dachte Maria. Sie ist ein ganzes Stück größer als ich. Lene streckte die Hand aus. Maria hielt den Atem an. „Na komm schon", sagte Lene. „Sonst ist die Sonne weg."

Maria schnappte nach Luft, atmete tief aus.

„Ist sie krank?", fragte Lene.

Maria nickte. Schweigend gingen sie bis zum Park. Dort sagte Maria: „Gestern haben sie mich überfallen und wollten alles kaputtschmeißen."

Lene legte eine Hand auf die Griffstange. „Wenn wir zu zweit sind, kommen die nicht."

„Ich fürchte mich eh nicht", behauptete Maria, und das war fast gar nicht geschwindelt.

Sie drehten die große Runde, sogar am Alpengarten vorbei. Plötzlich beugte sich Lene vor und stocherte mit einem Finger in der Erde. „Viel zu hart", stellte sie fest. „Wir brauchen Regenwürmer, in jeden Topf einen. Dir graust's doch nicht vor Regenwürmern, oder?"

„Mir? Mir doch nicht!“ Nein, vor Regenwürmern hatte sich Maria noch nie geekelt. Nach jedem Gewitter hatte sie Regenwürmer von der Straße gesammelt und sie in den Küchengarten getragen oder auf den Komposthaufen daheim.

Lene meinte, unter den Sträuchern und dem alten Laub müssten sie genügend Regenwürmer finden. Gemeinsam hoben sie den Kinderwagen über die Böschung. Maria band ihn mit ihrem Gürtel an einem Baum fest. Da sie kein Werkzeug hatten, stocherten sie mit Stöcken in der Erde. Es dauerte lange, bis sie den ersten Regenwurm fanden, dafür war es ein großer, dicker. Maria hielt ihn in der Hand, während Lene die Erde rund um die größte Tomatenpflanze zerkrümelte. Als sie den Regenwurm behutsam in den Topf setzten, buddelte er sich blitzschnell ein.

Eine halbe Stunde später war in jedem Blumentopf ein Regenwurm. Maria klopfte ihre Hände ab, sah Lene an und musste grinsen.

„Was ist?“

„Du bist ganz schwarz im Gesicht.“

„Glaubst du, du nicht?“ Sie lachten beide. Dann versuchten sie einander abzuputzen, und verschmierten sich dabei nur noch mehr mit Erde. Auf dem Heimweg wurden sie von einigen Leuten angestarrt. Lene schnitt ihnen Gesichter. Maria bewunderte sie sehr. Erst im Hof fiel ihr Tante Paula wieder ein und die Angst kam zurück.

Tante Paulas Tür war nur angelehnt. Sie schoben den Kinderwagen in die Wohnung. Plötzlich hatte es Lene sehr eilig. Sie winkte mit zwei Fingern und rannte die Treppe hinunter.

Tanta Paula behauptete, es gehe ihr viel besser. Aber während sie das sagte, ratterte das Bett von ihrem Husten.

Maria brühte wieder Tee auf. Tante Paula trank gehorsam in kleinen Schlucken, und Maria erzählte, wie Lene ihr geholfen hatte. „Und wir haben dir Haustiere mitgebracht.“

„Aber das geht doch nicht!“ Tanta Paula war richtig erschrocken, erst als Maria ihr verriet, um welche Haustiere es sich handelte, lächelte sie schwach. „Schau, schau. Die Lene! Das ist aber schön.“ Dann hustete sie wieder.

Schrecklich klang das.

„Wir müssen etwas tun!“, sagte Maria bestimmt.

„Aber ich trinke doch brav meinen Tee!“, flüsterte Tante Paula. „Bald werde ich überschwappen.“ Sie rang nach Atem. „Also gut, ich verspreche dir, wenn es morgen nicht besser ist, rufe ich doch den Arzt.“ Sie lächelte wieder und flüsterte noch leiser: „Unser alter Doktor daheim hat schon immer gesagt, ein behandelter Schnupfen dauert eine Woche, ein nicht behandelter sieben Tage.“

„Schnupfen vielleicht“, sagte Maria. „Aber das ist kein Schnupfen!“

„Du bist wirklich stur“, sagte Tante Paula. „Und jetzt lauf heim, du hast garantiert noch keinen Strich für die Schule getan.“

9

Maria schloss die Tür, hörte Schritte, drehte sich um und blickte in die Augen ihrer Mutter, die auf dem Treppenabsatz stehen geblieben war. Maria spürte, wie sie rot wurde, dabei gab es doch gar nichts, worüber sie sich hätte schämen müssen. Wortlos zog die Mutter sie in die Wohnung.

„Setz dich. Wo warst du? Bei wem?“

„Bei Tante Paula.“

Wenn ihre Tochter eine Tante Paula hätte, sagte die Mutter, müsste sie ja wohl davon wissen. Maria versuchte es ihr zu erklären.

„Oh Gott“, stöhnte die Mutter. „Du meinst die Verrückte. Mit der Verrückten ziehst du herum? Kind, das ist doch gefährlich! Wie oft habe ich dir erklärt, du darfst nicht mit fremden Menschen ...“

„Mit fremden Männern, hast du gesagt!“

„Du, werde nicht frech“, sagte die Mutter. „Warum ausgerechnet die Frau Müller?“

Maria verkroch sich zwischen ihre Schultern, obwohl sie wusste, dass die Mutter das nicht leiden konnte.

„Du musst doch selbst sehen, dass sie verrückt ist.“

„Sie ist nicht verrückt. Überhaupt nicht. Viel weniger als andere Leute.“

Die Mutter stützte den Kopf in die Hände. „Also normal ist sie jedenfalls nicht.“ Sie stand auf und hob Marias Kinn. „Schau nicht immer weg, wenn ich mit dir rede. Es geht uns doch gut, oder? Papa hat Arbeit, ich habe Arbeit, wir haben eine schöne Wohnung, du hast eine gute Schule... Natürlich ist der Anfang schwierig, aber es wird von Tag zu Tag besser. Wir haben eine Zukunft. Was um Himmels willen fehlt dir?“

Alles, dachte Maria. Sogar der Michi fehlt mir, der Trottel. Aber sie sagte nichts und schüttelte nur den Kopf.

„Siehst du.“ Die Mutter schien merkwürdig zufrieden. „Du musst lernen, dass es wichtig ist, sich nicht die falschen Leute auszusuchen, sonst wird man mit ihnen in einen Topf geworfen und ..."

„Tante Paula ist krank!", rief Maria.

„Das auch noch!" Die Mutter hob die Hand zum Mund. „Hoffentlich hast du dich nicht angesteckt. Was tu ich denn, wenn du krank wirst? Ich kann doch nicht einfach zu Hause bleiben, dann kündigen sie mir auch!"

Sie kehrte Maria den Rücken zu, trat zum Herd, klapperte mit Töpfen und Deckeln. „Was ist mit deinen Hausaufgaben?"

Typisch! Maria war wütend und wusste nicht wohin mit ihrer Wut. „Wie es ihr geht, das ist dir ganz egal!", schrie sie.

Die Mutter drehte sich nach ihr um. Plötzlich hatte sie einen Teller in der Hand. „Kommst du mit?", fragte sie.

In der fremden Wohnung war die Mutter verlegen, schickte Maria vor. „Ich habe Ihnen einen Schluck Suppe gebracht."

Tanta Paula bedankte sich, sie löffelte ihre Suppe, und die Mutter stand mit verschränkten Armen und sah ihr dabei zu.

„Köstlich", lobte Tante Paula.

„Nicht zu scharf für Sie?"

„Genau richtig. Ich sag immer, eine Prise Muskat macht den ganzen Unterschied."

Die Mutter lächelte, und plötzlich waren die beiden Frauen mitten in einem Gespräch, hauptsächlich über Kochrezepte, aber Maria hatte das Gefühl, dass etwas anderes mitschwang. Sie kam sich überflüssig vor, da konnte sie genauso gut hinuntergehen und ihre Hausaufgaben schreiben. Sie verabschiedete sich. Einerseits war sie erleichtert. Andererseits war da eine merkwürdige Traurigkeit, die sie sich nicht erklären konnte. „Blödsinn!", sagte sie laut und fing an zu rechnen. Sie war längst fertig, als die Mutter kam. Die hatte den Arzt angerufen und er war tatsächlich gleich gekommen. „Wahrscheinlich hat sie eine

Lungenentzündung. Der Arzt hat versprochen, sie morgen wieder zu besuchen. Eigentlich gehört sie in ein Krankenhaus, aber da will sie absolut nicht hin, also müssen wir uns um sie kümmern.“ Die Mutter schrieb genau auf, was Maria zu tun hatte, auch Dinge, die Maria ohnehin längst getan hatte. Es wurde eine lange Liste.

Beim Gute-Nacht-Kuss wuschelte die Mutter Marias Haar. „Ich wusste doch nicht, dass du so großes Heimweh hast.“

„Wer sagt das?“

Von ihrer Sehnsucht hatte Maria niemandem erzählt. Sie war auch nicht sicher, ob das, was sie manchmal so bedrückte, Heimweh war. Es gab ja kein Heim mehr zu Hause. Die Oma lag auf dem Friedhof, das Haus war abgerissen worden, das Nachbarhaus, die Straße. Was jetzt dort stand, wusste sie nicht. Es interessierte sie auch nicht.

Noch vor der Schule lief Maria mit der ersten und abends vor dem Schlafengehen mit der letzten Tasse Tee hinauf. Manchmal hörte sie, wie die Rittinger rasch ihre Tür schloss, wenn sie vorbeirannte. Aber das kümmerte sie nicht sehr.

Zur Mutter hatte die Rittinger gesagt: „Das war früher ein wirklich gutes Haus, alles pico bello, lauter bessere Leute. Aber heutzutage ...“ Und dann hatte sie geseufzt und die Mutter gemustert, aber wie.

Dumme Ziege, dachte Maria, aber von so einer lassen wir beide uns noch lange nicht einschüchtern.

Am Mittwoch stellte Maria fest, dass die Topfpflanzen über und über voller Blattläuse waren. Gemeinsam mit Lene suchte sie Marienkäfer, die würden schon mit den Blattläusen fertig werden, aber ausgerechnet an diesem Tag fanden sie keinen einzigen. Sie versuchten die Blattläuse abzuklauben, das war eklig und ziemlich hoffnungslos.

„Brennnesseljauche!“, sagte Lene.

Maria griff sich an den Kopf. „Natürlich, Brennnesseljauche. Hat meine Oma auch immer gemacht.“

Sie suchten nach Brennnesseln. Im Park war keine einzige zu finden, da waren die Gärtner zu gründlich gewesen. Lene wusste eine Baulücke, aber als sie dort ankamen, hob ein riesiger Bagger die Baugrube für ein neues Haus aus. Was für eine Stadt, dachte Maria. Nicht einmal Brennnesseln gibt es hier. Lene erinnerte sich, dass sie einmal beim Versteckspielen in dem winzigen Park am Ende der Straße mitten in eine Brennnessel gelaufen war. Sie rannten die Straße hinauf, die Hinterräder des Kinderwagens eierten bedenklich. Sie fanden tatsächlich vier Brennnesselstauden zwischen den Forsythiensträuchern. Maria pflückte sie ab, legte sie auf die Blumentöpfe.

Die Stadtstreicher auf den Bänken neben der Sandkiste tippten sich an die Stirn.

Marias Hände brannten. Daheim hatte es ihr nicht viel ausgemacht, Brennnesseln anzufassen. Jetzt wurde die Haut rot und buckelig und die Finger schwollen an.

Sie liefen zurück. Lene schlug vor, die Brennnesseljauche im Keller anzusetzen, die würde schon morgen ganz furchtbar stinken, aber Maria war überzeugt, dass Tante Paula mit ihrer verstopften Nase ohnehin nichts riechen konnte, und sie hatte keine Lust, sich die kostbare Jauche stehlen zu lassen. Bei dem Gedanken an Diebe, die es auf stinkende Brennnesselbrühe abgesehen hatten, mussten beide lachen.

Abends im Bett überlegte Maria, ob Lene vielleicht eine Freundin werden konnte. Sie schob den Gedanken von sich. Erstens war Lene mindestens ein Jahr älter. Zweitens und überhaupt: Sie hatten miteinander einen Kinderwagen voller Pflanzen durch den Park geschoben, Regenwürmer gesammelt und Brennnesseljauche angesetzt. Das war alles.

Am Donnerstag hörte Maria, wie Katja zu Ines sagte: „Ich halte es nicht mehr aus neben ihr. Die stinkt. Ich glaube, die wäscht sich nie."

Ines hielt sich die Nase zu. „Ich versteh sowieso nicht, warum sie sich nicht zu einer von den Ausländerinnen setzt. Wir haben ja genug davon."

In der Pause ging Maria zur Lehrerin und bat, sie irgendwo andershin zu setzen, egal neben wen.

„Schau", sagte die Lehrerin, „ich wusste von Anfang an, dass der Streit zwischen den beiden nicht lang dauern würde. Aber ich denke, du solltest jetzt durchhalten, so schwer es für dich auch ist. Es wird besser, glaub mir. Wenn du jetzt klein beigibst, war alles umsonst."

„Nein", sagte Maria.

„Nein was?"

„Es wird nicht besser. Es wird schlimmer."

„Gib ihr noch eine Woche. Sie ist nicht so böse, wie sie jetzt tut. Sie ist nur trotzig und sie erträgt es nicht, wenn nicht alles nach ihrem Willen geht."

Ich kann nicht mehr, wollte Maria sagen, aber sie schwieg. In dem Bodenbrett zu ihren Füßen war eine kleine Delle. Eine Murmel hätte darin Platz gehabt.

Sobald Maria die Wohnungstür hinter sich geschlossen hatte, hob sie die Arme und schnupperte an ihren Achselhöhlen. Sie roch nichts. Vielleicht konnte man sich selbst nicht riechen. Sie tupfte einen Tropfen von Mutters Parfum auf ihren Hals, dem Parfum, das die Mutter nur am Wochenende benutzte. Sie nahm sich vor, ein Deodorant zu kaufen.

Tante Paulas Nase sah spitz aus, sie atmete mit großer Mühe, Schweißtropfen standen auf ihrer Oberlippe, ihrer Stirn. Lene war mitgekommen und starrte entsetzt in das kleine Gesicht.

„Glaubst du, dass sie stirbt?", fragte Lene unten.

Jetzt war es gesagt, und das war gefährlich. Maria fuhr

Lene an: „Blödsinn! Sie ist krank, na und? Warst du noch nie krank? Klar wird sie wieder gesund."

Als sie an einer Ampel warten mussten, fuhr ein Leichenwagen an ihnen vorbei, gleich darauf eine Ambulanz mit Folgetonhorn und flackerndem Blaulicht. Maria klammerte sich an den Griff des Kinderwagens. Plötzlich schob sich ein Bub zwischen sie und Lene. Einer von denen, die Maria im Park überfallen hatten.

Maria rannte mit dem Kinderwagen los, Lene nach einer Schrecksekunde hinterher. Bremsen quietschten, jemand schimpfte. Zwei Arme hielten Maria fest. „Bist du wahnsinnig? Es ist rot! Du wärst fast in die Straßenbahn gerannt."

Der Fahrer klingelte wütend.

Lene kam angetrabt. „Was willst du von uns?", fuhr sie den Jungen an.

Er grinste. „Aufpassen auf euch. Du siehst ja, was passiert."

„Alles nur deine Schuld", fauchte Lene.

Maria sagte nichts. Sie hatte weiche Knie und sie bemerkte erst, dass die Ampel auf Grün geschaltet hatte, als Lene sie anschubste. Der Junge blieb neben ihnen.

„Hau ab!", sagte Lene.

„Dann kommen wieder irgendwelche Blödmänner", erklärte er. „Was ist mit eurer Oma?"

„Sie ist nicht unsere Oma", sagte Lene.

„Krank ist sie", sagte Maria.

Der Junge nickte. Etwas später sagte er: „Ich bin der Thomas." Zu dritt drehten sie Runden durch den Park. Beim Hydranten blieb Thomas stehen.

„Pump einmal", forderte er Lene auf. Er hob einen Blumentopf aus dem Kinderwagen, legte beide Hände auf die Erde und hielt die Pflanze unter den Wasserstrahl.

„Manchmal gehen die Blattläuse davon weg", sagte er.

Lene half, den Kinderwagen hinaufzutragen, dann hatte sie es wieder sehr eilig. Maria schloss die Tür auf.

Tanta Paulas Bett war leer.

Auf dem Nachttisch lag ein mit Bleistift gekritzelter Zettel. „Ich muss doch ins Krankenhaus. Tut mir Leid. Gruß T. P.“

Während Maria noch mit dem Zettel in der Hand dastand, kam die Mutter. Sie seufzte, drückte die Tochter fest an sich und sagte: „Es ist bestimmt das Vernünftigste. Jetzt kann ich auch ihre Wohnung gründlich sauber machen.“

Aber Maria dachte nur daran, wie sie Oma ins Krankenhaus gefahren hatten, wie Oma noch zurückwinkte – und drei Tage später war sie tot.

„Das war eine andere Krankheit“, flüsterte die Mutter, als hätte sie Marias Gedanken gelesen. „Wirklich eine ganz andere. Mach dir keine Sorgen.“

Sie kochte Karamelpudding und blieb lange an Marias Bett sitzen. Trotzdem weinte sich Maria in den Schlaf.

— 10 —

Während der Schulstunden war der Gedanke an Tante Paula nie sehr weit weg. Immerzu erinnerte etwas an sie, sogar beim Rechnen. Wie alt war sie eigentlich?

Marias Ellbogen stieß gegen das Lineal, es fiel zu Boden.

„Kannst du nicht aufpassen?“, schrie Katja.

Die Lehrerin schüttelte nur den Kopf.

Maria antwortete nicht, das alles ging sie nicht mehr viel an.

Merkwürdig, wie wenig wichtig Katja geworden war.

In der Pause fing Katja wieder an: „Du schwindelst dich auf den Platz von Ines, klaust, und jetzt schmeißt du mein Lineal auch noch hinunter. Das muss ich mir nicht bieten lassen!“

Maria drehte sich ihr voll zu. „Weißt du, was du bist? Lächerlich bist du.“ Sie ließ Katja stehen.

Hinter den Fahrradständern lehnte sie sich an die Mauer und schaute hinauf in die Wolken.

Ein dicker Hund mit wehenden Ohren verlor seinen Bauch, verlor seine Ohren, wurde zu einem Fisch mit spitzem Maul, wurde immer dünner, verging.

Bitte, lass sie nicht sterben.

Bitte.

Die Schulglocke läutete. Im Gedränge vor der Tür stand plötzlich Katja neben Maria. „Wenn du dich entschuldigst“, fing sie an, „dann ...“

„Lass mich in Ruhe“, sagte Maria.

Warum war sie so wütend, jetzt, wo Katja einlenken wollte? Am liebsten hätte sie Katja ins Gesicht geschlagen. Natürlich war das unfair. Katja konnte nichts von Tante Paula wissen. Aber das war Maria gleichgültig. Warum sollte ausgerechnet sie immer fair sein? War es vielleicht fair, wenn Tante Paula starb? War es fair, wenn Fasiyes Schwester diesen ekligen Mann heiraten musste? Oder fair, wie sie alle über die Rumänen redeten? Gar nichts war fair und gar nichts war gerecht verteilt, die Gesundheit nicht, die Locken nicht, das Geld nicht. Es fiel Maria schwer, stillzusitzen.

In der letzten Stunde mussten sie Eigenschaftswörter unterstreichen. Katja nahm dazu das Lineal, und als sie fertig war, packte sie es in die Schultasche. Es dauerte eine ganze Weile, bis Maria erfasste, dass die Stacheldrahtgrenze nicht mehr da war. Richtig freuen konnte sie sich nicht darüber. Sie rannte aus der Schule, an der ersten Kreuzung blieb sie lange stehen. Sie hatte Angst vor der leeren Wohnung.

„Aufwachen!“, rief ihr Vicky zu. „Es ist schon lang grün.“ Neben Vicky ging ein großer Junge mit dunklen Locken.

Die Stiegen waren höher als sonst. Maria schleppte sich hinauf. Es gelang ihr nicht, die Tür aufzuschließen, etwas klemmte. Endlich begriff Maria, dass gar nicht abgeschlossen war und ein Schlüssel innen steckte.

Die Mutter kam ihr entgegen.

„Wieso bist du schon da?“, fragte Maria.

„Ich habe gedacht, du wärst heute lieber nicht allein.“

„Und die Firma?“

„Die wird's überleben. Wenn sie das nicht verstehen, kann ich ihnen auch nicht helfen. Ich bin ja nur eine Stunde früher weggegangen.“ Ihre linke Hand zeigte zur Decke. „Magst du mit mir oben aufräumen?“

Tante Paulas Wohnung stank. Die Mutter riss die Fenster auf. Maria erinnerte sich an die Brennnesseljauche. Sie füllte die Brühe in den Zerstäuber, bespritzte alle Pflanzen. Als sie ins Zimmer zurückkam, hatte die Mutter Tante Paulas Bett abgezogen. Die Bettwäsche lag in einem Häufchen auf dem Boden.

Das Bett sah so arm aus.

Maria fing an zu weinen, sie bemerkte es erst, als ihr die Tränen auf die Hände tropften. Die Mutter nahm sie in den Arm und drückte sie ganz fest an sich.

Später schrubbte die Mutter den Boden. Maria trug ihr

Wasser zu, staubte ab. Es war schrecklich wichtig, jedes Ding genau an den richtigen Platz zurückzustellen.

Maria leerte den letzten Eimer Schmutzwasser in die Klosettmuschel, als sie Schritte auf der Treppe hörte.

„Der Papa! Und du hast nichts gebacken!“

„Auch das werden wir überleben“, sagte die Mutter. Sie nahm nicht einmal die Schürze ab, bevor sie hinunterlief und den Vater begrüßte. Der wunderte sich. „Wo kommt ihr denn her?“

Die Mutter erzählte von Tante Paula. Der Vater fragte: „Und was sagen deine Rittinger und der Weber dazu?“

„Sie ist nicht meine Rittinger, und was sie dazu sagt, das ist ihr Problem“, antwortete sie.

Ich habe ja eine neue Mutter, dachte Maria. Komisch.

Später gingen sie in den Park und aßen Eis. Der Gartenwagen blieb zu Hause. Die Pflanzen stanken noch nach Brennnesseljauche. Maria hielt wieder Ausschau nach Herrn Swoboda, aber er war nicht zu sehen.

Auf dem Heimweg begann es zu nieseln, es regnete dann das ganze Wochenende. Die Mutter war enttäuscht, der Vater aber meinte, jetzt hätte er endlich Zeit, die Regale für Marias Zimmer zu bauen. Maria half ihm dabei und er stellte fest: „Gar nicht so ungeschickt, meine Tochter.“ Am Abend spielten sie Halma. Der Vater ärgerte sich, weil er dreimal hintereinander verlor.

Erst am Montag fiel Maria auf, dass sie am Wochenende nur selten an Tante Paula gedacht hatte. „Wenn man fest an jemanden denkt, hilft das immer“, hatte die Oma oft gesagt. Und wenn man vergaß, an jemanden zu denken – was war dann?

Maria spürte ihr Herz hart gegen die Brust schlagen, als sie Tante Paulas Tür aufschloss. Die Wohnung war so fremd. Das frisch bezogene Bett mit den aufgeplusterten Kissen sah so aus, als ob nie wieder jemand darin schlafen könnte.

Als Maria die Töpfe in den Kinderwagen packte – auch den hatte die Mutter geschrubbt -, hörte sie ein Geräusch. Sie fuhr herum. Lene stand vor der Tür. Schweigend trugen sie den Wagen hinunter, schweigend schoben sie ihn durch den Park. Maria war froh, als Thomas angetrabt kam und irgendwelche Geschichten erzählte.

Auf dem Heimweg sagte Lene. „Und wenn sie wirklich stirbt, dann pflanzen wir ihr das alles aufs Grab, die Tomaten, den Spinat, die Petersilie, den Schnittlauch ... Die Vögel werden sich freuen. Vielleicht auch die Frau Müller.“

Merkwürdigerweise war das tröstlich.

Im Kasten lag ein Brief von Nanni und Eva. Sie bedankten sich für die Karten, die Maria ihnen geschickt hatte: den Stephansdom, das Riesenrad, die Lipizzaner. Maria war weder auf den Stephansdom gestiegen noch mit dem Riesenrad gefahren, auch hatte sie nie die Lipizzaner gesehen. Das wussten Nanni und Eva natürlich nicht. „Wir beneiden dich“, schrieben sie. Sie hätten eine neue Lehrerin mit roten Fingernägeln, Nannis Hund sei gestorben und Michi sei jetzt auch mit seiner Familie ausgewandert. Viele Grüße.

Maria versuchte sich Nanni und Eva in Wien vorzustellen, an ihrer Schule. Die Vorstellung war irgendwie komisch, aber nicht zum Lachen. Sie passten nicht hierher. Warum eigentlich nicht?

Vom Baumhaus schrieben sie nichts. Ob es das überhaupt noch gab? Ob Marias Karten im Baumhaus hingen, mit Nägeln an der Bretterwand befestigt? Ob es den henkellosen Becher noch gab, mit Enzian und Alpenrosen im ovalen Rahmen und darunter in Zierschrift: Gruß aus Mariazell? Aus diesem Becher hatten sie Honigwasser getrunken und einander ewige Freundschaft geschworen. Maria hate danach den Becher hinunterwerfen wollen, aber die anderen waren dagegen gewesen. Eva hatte einen alten

Schemel ins Baumhaus gebracht, das fehlende Bein hatten sie durch zwei Holzscheiter ersetzt und den Rest von einem bestickten Kopfkissen als Tischtuch darüber gebreitet. Darauf stand der Becher wie auf einem Altar.

Maria drückte die Fäuste gegen die geschlossenen Augen, bis sich die Schwärze in flimmernde Punkte auflöste.

Plötzlich fuhr ihr durch den Kopf: Ich will gar nicht zurück. Doch, ich will, aber ich kann nicht. Dort bin ich nicht mehr daheim, aber hier auch nicht. Die Mutter ist hier auch nicht zu Hause. Und der Vater? Der ist ja nie da.

Das Lineal blieb in Katjas Schultasche. Ein- oder zweimal redete sie Maria an, einmal sagte sie ihr sogar vor. Aber für Maria war Katja weit weg.

„Du bist ja jetzt mit Lene befreundet", sagte Katja.

„Kann sein." Meine Freundin Lene. Das würde schon gut klingen.

Nach den Hausaufgaben ging Maria wie jeden Tag in Tante Paulas Wohnung. Lene sagte nie vorher, ob und wann sie kommen würde, sie tauchte einfach auf.

Maria schob den Kinderwagen auf den Treppenabsatz, als sie den Schlüssel ins Schloss steckte, läutete das Telefon.

„Hallo, Mutter", sagte eine fremde Männerstimme, „wie geht's?"

Maria brachte wieder einmal kein Wort heraus.

Der Mann wurde ungeduldig. „Wer spricht denn da?"

„Ich. Maria."

„Und wer soll das sein? Hör einmal, ich rufe von auswärts an, ich möchte meine Schwiegermutter sprechen, und zwar schnell."

Maria stotterte herum. Der Mann wurde immer heftiger und sie immer unfähiger, auf seine Fragen zu antworten. Sie wusste ja nicht einmal, in welchem Krankenhaus Tante Paula lag. Der Mann legte grußlos auf.

Jetzt holt er die Polizei, dachte Maria. Weil er glaubt, ich wäre eine Einbrecherin. Ich sollte weglaufen. Aber zuerst muss ich die Blumentöpfe hinuntertragen.

Wieder schrillte das Telefon. Maria hielt sich die Ohren zu.

Jemand kam die Treppe heraufgerannt. War das schon die Polizei?

Lene stürzte ins Zimmer und nahm den Hörer ab. „Sie ist eh da, Frau Müller."

Tante Paula!

„Tante Paula!", schluchzte Maria in den Hörer.

„Aber, aber, mein Mädchen, ist doch gut, ist ja gut. Stell dir vor, ich rufe von der Telefonzelle aus an, ich darf schon aufstehen, in drei, vier Tagen komme ich heim. Nicht weinen."

Maria versuchte von dem Mann zu erzählen. Tante Paula unterbrach sie: „Mein Armes! Der Karl meint es nicht so, er poltert nur immer gleich los, besonders wenn er Angst hat. Vielleicht hätte ich ihnen schreiben sollen, aber ich dachte: Wozu? Bis sie den Brief haben, bin ich längst gesund."

Als Tante Paula aufgelegt hatte, weinte Maria noch ein bisschen, Lene musste mitweinen, bis sie plötzlich zu lachen anfingen. Sie schoben gemeinsam den Kinderwagen in den Park und Thomas schimpfte, weil sie ihn so lange hatten warten lassen, und sie entdeckten die erste kleine grüne Erdbeere in Tante Paulas Garten.

Katja borgte sich jetzt Marias Radiergummi aus, wenn sie ihren nicht finden konnte, drehte sich nicht mehr zu Rainer um. Sie stieß Maria in die Seite, wenn ihr etwas komisch vorkam. Sie sprach sie manchmal in der Pause an. Maria blieb vorsichtig in ihren Antworten.

Lene kam manchmal im Schulhof, hakte sich bei Maria ein und ging ein paar Runden mit ihr. Aber Lenes beste Freundin war ein Mädchen aus ihrer Klasse.

Vicky erkundigte sich hin und wieder: „Wie geht's dem Gemüse?" Seit einigen Tagen trug sie die Haare hoch gesteckt und sah sehr erwachsen aus. Sind Nanni und Eva noch meine Freundinnen?", überlegte Maria. „Stahl und Eisen bricht, aber unsere Freundschaft nicht", hatte Nanni in Marias Poesiealbum geschrieben. Wie lange das her war. Die Maria, für die Nanni das geschrieben hatte, die gab es nicht mehr.

Plötzlich hatte sie Lust, wieder den Roten Berg hinunterzurollen. Ohne Katja.

Der Flieder im Park war verblüht, die Dolden ragten streng und trocken aus dem grünen Laub.

Die drei Tage waren vergangen und noch immer gab es keine Nachricht, wann Tante Paula aus dem Krankenhaus entlassen würde.

„Langsam wird's Zeit", sagte Lene. „Der Schnittlauch sollte schon geschnitten werden. Und der Spinat wächst aus."

Der Zeitungsverkäufer winkte ihnen. Er holte einen Blumentopf mit drei spannenhohen Pflanzen aus einer Tasche. „Sonnenblumen", sagte er. „Sind zu viele aufgegangen für Blumenkasten. Ich schenke sie euch."

Maria stellte den Topf in den Kinderwagen. Der Zeitungsverkäufer erkundigte sich, wann Frau Müller heimkommen werde. „Sie fehlt", sagte er in seinem abgehackten Deutsch, „Bezirk nicht richtig ohne sie. So viele Leute, sie rennen und nicht merken, was ist los. Frau Müller merkt immer."

Maria nickte. In diesem Augenblick fiel ihr wieder Herr Swoboda ein. Vor der nächsten Telefonzelle bat sie Lene zu warten. Sie suchte Herrn Swoboda im Telefonbuch. Da gab es zwölf Spalten: von Swoboda, Adalbert, bis Swoboda, Xaver. 64 Swobodas in jeder Spalte zählte sie. Die konnte sie doch nicht alle anrufen. Außerdem war sie nicht sicher, ob man den Namen mit „w“ oder mit „v“ schrieb. Das gab noch einmal sechs Spalten und eine halbe.

Lene klopfte an die Scheibe. „Was treibst du? Lernst du das Telefonbuch auswendig?“

„Nicht direkt.“

An diesem Nachmittag erzählte Lene zum ersten Mal von dem Streit, den es oft zwischen ihrer Mutter und ihrer Großmutter gab und der meist mit irgendwas begann, das sie, Lene, getan oder unterlassen hatte. Und wie schrecklich es war, hinterher beide trösten zu müssen.

„Und ich hab geglaubt, dir geht’s gut“, sagte Maria.

Lene verzog das Gesicht. „Das glaubt man immer von den anderen. Meine Oma sagt, es wäre gut, wenn die Leute ihre Sorgen tauschen könnten. Wie Urlaub wäre das, behauptet sie.“

Sie stellten sich vor, dass jede Frau, jeder Mann und jedes Kind ein Schild trug, auf dem stand zum Beispiel: „Kein Geld“ oder „Freche Tochter“ oder „Schlechtes Zeugnis“ oder „Gemeiner Chef“ oder „Kaputtes Auto“. Dann überlegten sie, was sie wählen würden. Lene meinte, sie würde sich die freche Tochter aussuchen. Jederzeit.

Als sie aus dem Park zurückkamen, stellte Marias Mutter einen Zitronenkuchen in den Backofen. „Frau Müller hat angerufen! Morgen kommt sie nach Hause. Ich freu mich richtig auf sie.“

Maria malte HERZLICH WILLKOMMEN auf ein großes Blatt, mit bunten Blumen zwischen den einzelnen Buchstaben.

Gelb und locker glitt der Zitronenkuchen aus der Backform. Die Mutter nickte zufrieden.

Katja musterte Maria von der Seite. „Was ist los mit dir? Du grinst vor dich hin, als gäb’s was Besonderes.“

„Vielleicht.“ Jetzt war es Katja, die sich den Kopf zerbrach. Das tat gut.

„Musst es mir ja nicht sagen.“

„Nein." Maria beeilte sich mit dem Einpacken, trotzdem war sie noch nicht fertig, als Lene in der Tür zum Klassenzimmer auftauchte. „Beeil dich!", rief sie.

Maria knallte ihre Mappe zu.

Thomas wartete an der Ecke.

„Heute ist nichts", erklärte Lene. „Heute kommt sie zurück."

Thomas schwang sich auf sein Fahrrad.

„Dann braucht ihr mich ja nicht mehr", murmelte er.

„Was für einen Blödsinn redest du da?", fragte Lene.

„Ich? Nix." Er umkreiste die Mädchen in langsamen Achterschlaufen. Er versprach Ausschau zu halten und zu pfeifen, wenn Tante Paula auftauchte.

Lene blieb bei ihm, während Maria hinauflief und noch einmal mit dem Staubtuch durch Tante Paulas Wohnung wischte, wie es ihr die Mutter eingeschärft hatte.

Der Zweifingerpfiff schrillte herauf, den niemand so gut konnte wie Thomas. Maria zündete die Gasflamme unter der Espressomaschine an und rannte die Treppe hinunter.

Im Hof stieß sie fast mit Tante Paula zusammen, die am Arm eines Mannes ging. „Das ist Karl." Er begann gleich, sich bei Maria zu entschuldigen, und sie wurde rot und hatte wieder einmal einen zugeschnürten Hals. Tante Paula war ganz mit Stiegensteigen beschäftigt. Frau Rittinger und Herr Weber kamen ins Treppenhaus, um sie zu begrüßen. Man sah ihr an, wie sie sich freute, aber auch, wie erleichtert sie war, als sie sich endlich setzen konnte.

Maria schob den Kinderwagen neben ihren Platz und Tante Paula begrüßte jede einzelne Pflanze.

„Ja, gibt es denn so was?", rief sie. „Schaut euch das an! Das nenn ich ein Willkommen." Leuchtend rot hing die erste Erdbeere zwischen den grünen Blättern. Tante Paula pflückte sie behutsam und legte sie auf ihren Teller, neben den Zitronenkuchen. Maria schenkte Kaffee ein.

Karl rutschte auf seinem Stuhl hin und her. „Mama, jetzt

musst du endlich einsehen, dass es besser ist, du ziehst zu uns. Ich hab Gretel versprochen, dass ich dich mitbringe."

Tante Paula stellte ihre Kaffeetasse ab. Sie klirrte leise. „Nein, Karl. Ich weiß, ihr meint es gut, aber das kommt nicht in Frage. Jetzt erst recht nicht."

„Aber warum, Mama? Sei doch nicht so schrecklich eigensinnig! Wir haben einen großen Balkon, du kannst dir da eine ganze Plantage anlegen, wenn es sein muss."

Tante Paula schüttelte den Kopf. Sie griff nach dem Kuchenmesser, wischte es sorgfältig an ihrer Serviette ab, runzelte die Stirn und schnitt die reife Erdbeere in drei gleiche Teile. Maria behielt ihr Stückchen eine Weile auf der Zunge. Mit einem Mal war ihr Mund voll säuerlicher Erdbeersüße. Sie schluckte, aber der köstliche Geschmack blieb.

Tante Paula packte zwei Stücke vom Zitronenkuchen ein. „Für Lene und Thomas." Sie gähnte. „Jetzt muss ich ins Bett. Grüß mir die beiden. Ich hoffe, ich sehe sie morgen. Deine Mama kommt ja sicher später herauf?"

Maria lief mit dem Kuchen hinunter. Der Hof war voller Kinder. „Na?", fragte Lene. „Sie zieht doch nicht weg mit dem Kerl?"

„Karl", berichtigte Maria. „Nein, sie zieht nicht weg, glaub ich nicht. Da ist ja auch noch der Herr Swoboda."

„Wer ist das schon wieder?", fragte Thomas.

„Der Mann mit dem Affen, aus dem Park."

Lene tanzte auf den geborstenen Steinplatten herum. „Du, die könnten doch heiraten, und wir beide gehen als Brautjungfern, ganz in rosa." Sie packte Maria und wirbelte sie herum.

Maria machte sich los. Es schauten zu viele zu. „Und der Capitano zerfleddert das Brautbukett", sagte sie, „und frisst die halbe Hochzeitstorte."

Ein großes Mädchen trat zu ihnen. „Jetzt habt ihr ja eure Verrückte wieder."

Lene packte ihren Arm mit beiden Händen und drehte, bis sie quietschte.

„Du bist genau so verrückt!“, rief das Mädchen. „Seit du mit der da herumziehst. Die gehört nicht hierher, wir sind doch kein Ausländerasyl, das ist unser Hof.“

Vicky war eben heruntergekommen. „Sie wohnt hier. Kapiert? Wer dagegen ist, soll sich melden.“

Nur das große Mädchen hob die Hand, ließ sie nach einer Weile sinken und kratzte an einem losen Mörtelstück.

Thomas fragte: „Hat jemand Murmeln?“

Maria lief in die Wohnung. Die schönste Murmel mit der roten Blume darin nahm sie aus dem Säckchen und legte sie auf ihr Bett, doch dann kehrte sie auf der Treppe um und holte auch die. Die Glaskugeln wogen schwer in ihrer Tasche. Ob ich es überhaupt noch kann?, ging ihr durch den Kopf. Seit ich hier bin, habe ich nicht mehr mit Murmeln gespielt.

Lene zeigte ihr auf der flachen Hand eine Glaskugel, dunkelblau mit Mond und Sternen darin. Thomas stocherte mit dem Absatz in dem Streifen entlang der Mauer.

„Das ist ja gar kein Beton“, sagte Maria verwundert. „Wenn wir die Erde auflockern, könnten wir hier die Sonnenblumen einpflanzen.“

Lene nahm ihren Arm. „Mittags scheint sogar die Sonne in den Hof. Mindestens fünf Minuten lang. Aber ohne Regenwürmer geht’s natürlich nicht!“

Thomas wurde ungeduldig. „Also was ist? Spielen wir endlich?“

LICHTBLICKE

– Schülerzeitung –

Buchbesprechung

Genau gelesen?

Wenn ihr die Antworten zu den einzelnen Fragen richtig eintragt, erhaltet ihr zwei Lösungswörter, die euch sagen, woher Maria kommt.

1. Das türkische Mädchen gilt in seiner Heimat als ...
2. Geschenk von Katjas Tante
3. Der erschöpften Mutter erzählt Maria nichts davon
4. Gewürz im "Garten" Tante Paulas
5. Eine von Marias "alten" Freundinnen
6. Die zweite "alte" Freundin Marias
7. Katja legt es auf dem Schultisch zwischen Maria und sich
8. Vorname des türkischen Mädchens, dessen Schwester heiraten soll
9. Marias erste Freundin im neuen Land
10. Was wurde aus dem Trapezkünstler?
11. So heißt der Besitzer des Affen
12. Über dieses Tier schrieb Maria einen Aufsatz
13. Kleidungsstück, über das sich Marias Mitschüler lustig machen
14. Tante Paulas Nachname
15. Gebiet, aus dem man kommt und dem man sich eng verbunden fühlt
16. Vergehen, das man Maria vorwirft, nachdem die Freundschaft mit Katja zerbrochen ist
17. Im Traum stellt sich Maria die Angreifer als solche unheimlichen Gestalten vor
18. Tier, das die Erde in den Blumentöpfen lockern soll
19. Wie heißt der Affe?
20. Tiere, für die Marias Dorf berühmt war
21. In welche Stadt ist Maria mit ihren Eltern ausgewandert?

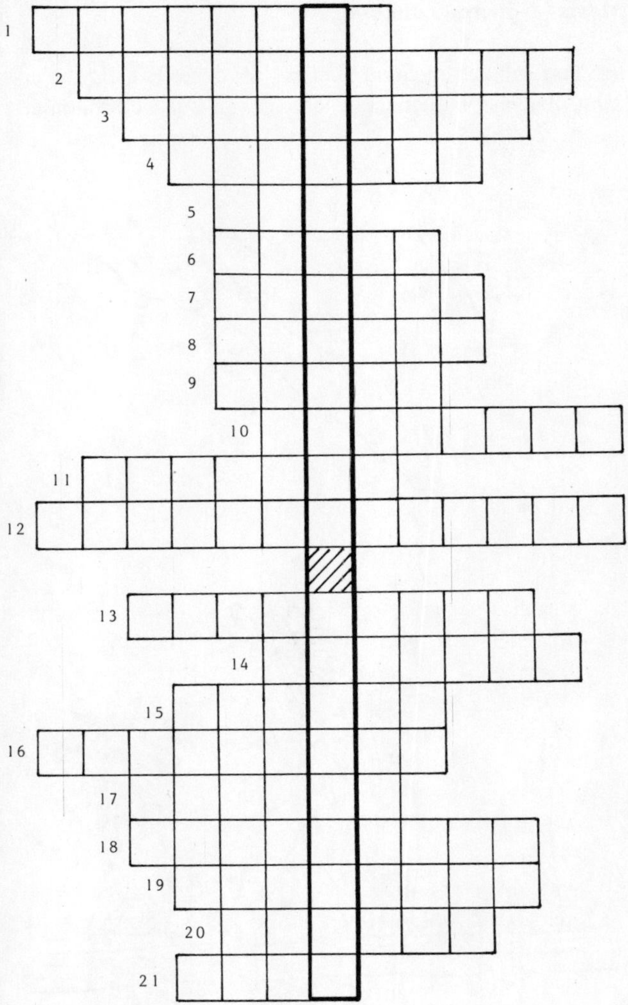

Anmerkung: Ä = AE; Ü = UE

Marias früheres Zuhause

Im Text gibt es mehrere Stellen, an denen sie davon erzählt. Zeichne, male oder beschreibe, an was sich Maria erinnert.

Brief an Nanni und Eva

Nachdem Maria von Nanni und Eva einen Brief erhalten hat, will sie nicht mehr nur Postkarten schicken, sondern ihnen genauer berichten, wie es ihr in Wien ergangen ist.

Liebe Nanni, liebe Eva,
über euren Brief habe ich mich sehr gefreut, auch wenn es mich traurig macht, dass Nannis Hund gestorben ist. Nun ist auch noch Michi fort und euch fehlen immer mehr von den alten Freunden. Ob ich zu beneiden bin, weiß ich nicht so recht, denn ...

Sorgentausch?

„Und ich hab geglaubt, dir geht's gut", sagte Maria.

Lene verzog das Gesicht. „Das glaubt man immer von den anderen. Meine Oma sagt, es wäre gut, wenn die Leute ihre Sorgen tauschen könnten. Wie Urlaub wäre das, behauptet sie."

Sie stellten sich vor, dass jede Frau, jeder Mann und jedes Kind ein Schild trug, auf dem stand zum Beispiel: „Kein Geld" oder „Freche Tochter" oder „Schlechtes Zeugnis" oder „Gemeiner Chef" oder „Kaputtes Auto". Dann überlegten sie, was sie wählen würden. Lene meinte, sie würde sich die freche Tochter aussuchen. Jederzeit. (S. 65)

Stellt euch vor, ihr könntet Sorgen und Probleme in eurer Klasse tauschen.

Sprecht miteinander darüber und überlegt Möglichkeiten eines Sorgentauschs.

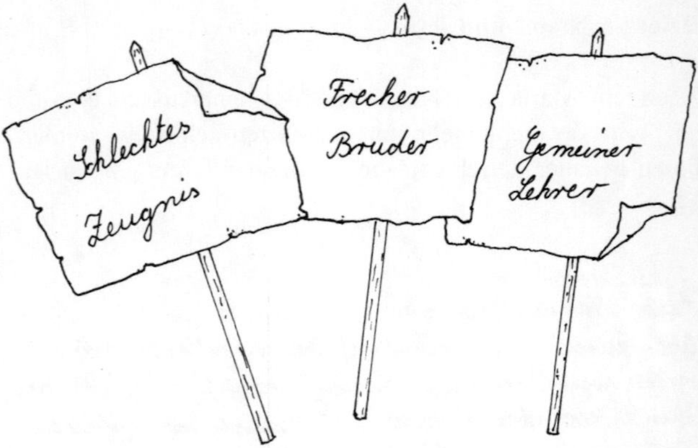

Schreibt z. B. ein Problem, das euch Kummer macht, auf einen Zettel, klebt den Zettel auf ein Holzstäbchen und steckt die Sorgenzettel in einen Blumentopf.

Nun könnt ihr einen Zettel nehmen, mit dem ihr euch genauer auseinander setzen wollt oder für den ihr einen Lösungsvorschlag habt.

Karin Gündisch: Zur Geschichte der Aussiedler aus Rumänien

Vor etwa achthundert Jahren sind viele Menschen aus dem deutschsprachigen Raum nach Siebenbürgen (heute Rumänien) ausgewandert. Die deutschen Kolonisten bekamen in Siebenbürgen Land zugeteilt. Als Gegenleistung mussten sie die Landesgrenzen vor den Eroberungsabsichten der Kumanen, Petschenegen und Tataren schützen und die wirtschaftliche Entwicklung des Landes fördern.

Die ersten deutschen Siedler wurden in den lateinischen Urkunden „Saxones“ genannt. Von diesem Wort wird der Name der größten deutschen Volksgruppe, die in Siebenbürgen lebt, abgeleitet: Die Siebenbürger Sachsen.

Im Laufe der Jahrhunderte kamen viele deutsche Kolonisten nach Siebenbürgen.

Am Anfang des 18. Jahrhunderts riefen die Habsburger Kolonisten ins Banat (Rumänien). Das Banat gehörte damals zu Österreich. Die Siedler kamen aus dem Schwabenland, aber auch aus anderen Gebieten, aus dem Elsass und aus Österreich. Sie sind als Banater Schwaben oder Donauschwaben bekannt.

Die Siebenbürger Sachsen und die Banater Schwaben sind die zwei größten Volksgruppen der Rumäniendeutschen.

Die Rumäniendeutschen sind in Rumänien nach den Ungarn die zweitgrößte Minderheit.

In den letzten Jahren sind viele von ihnen in die Bundesrepublik ausgewandert.

Zur Auswanderung kam es so:

Im Zweiten Weltkrieg trat Rumänien an der Seite Deutschlands in den Krieg. Deutsche Truppen marschierten in Rumänien ein und wurden von einem Großteil der deutschen Bevölkerung mit Jubel begrüßt.

Im Spätsommer 1944 marschierten sowjetische Truppen in Rumänien ein. Damit war der Krieg für Rumänien zu Ende, aber im Januar 1945 mussten fast alle arbeitsfähigen Rumäniendeutschen zum Wiederaufbau in die Sowjetunion.

Die ersten Rücktransporte von dort kamen in die sowjetische Besatzungszone. Ein Teil der Rumäniendeutschen kehrte nach Rumänien zurück. Viele wechselten in die amerikanische, englische oder französische Besatzungszone über. Ihre Familien kamen im Laufe der Jahre nach. Ab 1978 gab es ein Abkommen zwischen Rumänien und der Bundesrepublik, dass jährlich elftausend Rumäniendeutsche auswandern konnten.

Rumänien war bis Ende 1989 eine Diktatur. Nach dem Sturz des Diktators wanderten viele Rumäniendeutsche aus. Das Land ist wirtschaftlich ruiniert. Viele von den alten Machthabern sind noch immer an der Macht und die wirtschaftlichen und politischen Verhältnisse in Rumänien ändern sich nur sehr langsam. Viele Menschen haben die Hoffnung auf ein besseres Leben verloren.

Heute lebt der größte Teil der Rumäniendeutschen in Deutschland.

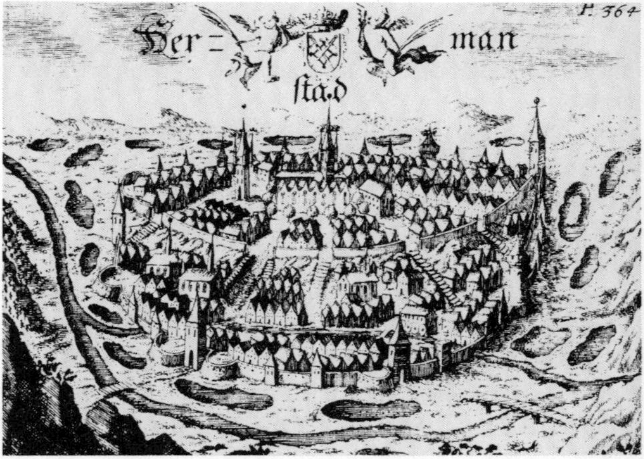

Hermannstadt in Siebenbürgen (Kupferstich von 1666)

Rumänien heute

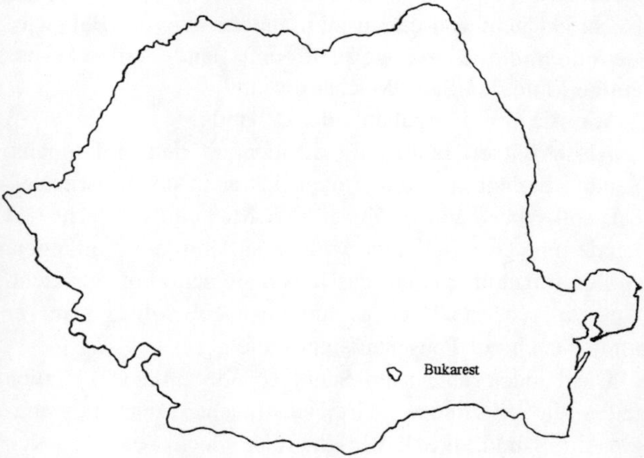

Suche im Atlas Hermannstadt (rumänisch: Sibiu) und das Gebiet von Siebenbürgen. Trage beides auf der Karte ein.

Karin Gündisch: Dreizehn gegen einen

Gib das Lineal her, zischt Sandu.

Tina tut, als ob sie das nichts anginge.

Du nimmst mein Lineal immer, ohne zu fragen, flüstert Sandu.

Doch Tina sieht an die Tafel und schiebt das Lineal an den Tischrand, sodass Sandu es nicht nehmen kann, ohne seinen Platz zu verlassen. Sandu fischt sich Tinas Heft, aber Tina ist flink, hat damit gerechnet. Sie hält das Heft fest und auf einmal hat Sandu eine Ecke vom Einband in der Hand. Erschrocken sieht er Tina an. Das hat er nicht gewollt. Tina knallt das Lineal auf Sandus Tisch und dreht ihm wütend den Rücken zu. Sie flüstert mit Anja. Sandu versteht nur: Machst du mit? Und sieht Anja nicken.

Anja spricht nun mit ihrer anderen Tischnachbarin, mit Nena, die spricht mit Alex, und so geht das weiter. Eine Nachricht geht von einem zum andern, wie ein Ball wird sie durch die Klasse gespielt, und Sandu erhascht nur einige Male den Satz: Machst du mit?

Was sie wohl vorhaben?, denkt Sandu.

Als es läutet, rennen die Kinder auf den Hof hinaus. Sandu überlegt erst, ob er nicht lieber in der Klasse bleiben soll, aber dann macht er sich Mut und schleicht den Kindern nach. Vielleicht wollen sie ihn nur einfangen, wollen mit ihm spielen, das haben sie schon oft gemacht. Und falls es doch etwas anderes sein sollte, kann er immer noch zur Pausenaufsicht laufen.

Die Kinder rennen am Schulgebäude entlang. Plötzlich teilen sie sich in zwei Gruppen, machen kehrt und umzingeln Sandu. Sie haben ihn also doch bemerkt. Nun haben sie ihn gefangen, und Sandu weiß nicht, ob es Spiel ist oder nicht. Dann versetzt ihm jemand einen Fußtritt. Die Kinder drängen sich ganz dicht an ihn heran und plötzlich hagelt es Fußtritte. Sandu stößt wild um sich, und es gelingt ihm, sich zu befreien und loszulaufen. Er sucht die Pausenaufsicht. Die Kinder laufen mit. Sie haben seine Absicht längst erraten.

Willst du zur lieben Frau Schmidt?, ruft Anja.

Nein, zur Frau Schmidt will Sandu nicht. Diese Lehrerin ist bei allen unbeliebt. Von ihr will er keine Hilfe. Er ändert die Laufrichtung und rennt hinter das Schulgebäude. Seine Verfolger lassen nicht von ihm ab. Sandu ist verunsichert, weil Jatzek mit den anderen mitrennt. Jatzek ist sein einziger Freund in der Klasse. Sandu hat Jatzek Schokolade geschenkt, ihn zu sich nach Hause eingeladen, und nun rennt Jatzek mit den andern mit.

Sandu kann nicht mehr laufen und wird langsamer. Er leidet an Asthma und ermüdet leicht. Seine Verfolger erreichen ihn und kreisen ihn ein. Wieder schlagen sie nach ihm. Sandu wehrt sich.

Mark und Christian, die beiden kräftigsten aus der Klasse, haken sich bei Jatzek unter, sehen ihn herausfordernd an, und Christian fragt: Na, Jatzek, zu wem gehörst du denn? Zu uns oder zu Sandu?

Scheißaussiedler, schreit Jatzek statt einer Antwort, geh zurück in dein Scheißrumänien! Nun schreien auch zwei andere Kinder: Scheißaussiedler!

Sandu hört gar nicht hin. Er hat Mühe, sich auf den Beinen zu halten. Er spürt seine Füße nicht mehr. Aber er heult nicht. Er heult nie vor andern, auch dann nicht, wenn ihn sein Vater prügelt.

Die Kinder lassen von ihm ab, doch er ist noch immer im Kreis eingeschlossen und hat nicht die Kraft auszubrechen. Mark und Christian stürzen sich auf ihn, packen seine Hände und halten ihn fest.

Hose runter!, schreien die Kinder. Und: Jatzek! Jatzek! Nun kommt Jatzek auf Sandu zu und will ihm die Hose herunterreißen. Sandu tritt nach Jatzek. Er beißt Mark in den Arm und dieser lässt los. Mit der freien Hand haut er Christian ins Gesicht. Dann schlägt er um sich, ungezielt und mit letzter Kraft.

Sein Glück, dass es läutet und die Pause zu Ende ist. Die Kinder lassen von ihm ab, erst die Schaulustigen und allmählich auch die Beteiligten, sie rennen in die Klasse.

Sandu lehnt eine Weile an der Wand, bis er wieder besser atmen kann. Dann geht er zu den Klos. Er setzt sich auf einen Klodeckel und weint. Er weint leise, dass ihn niemand hört. Draußen ist es ganz ruhig.

Seine Klasse hat jetzt Deutschunterricht. Die Lehrerin, Frau Brandt, wird nach ihm fragen. So verheult, wie er ist, möchte er nicht in die Klasse gehen. Er will seine Klassenkameraden und vor allem Jatzek nie mehr in seinem Leben sehen! Nach Hause will er, nach Hause.

Wie könnte die Geschichte weitergehen?

(Die Fortsetzung haben wir auf S. 98 abgedruckt.)

Aussiedler in Deutschland

Was sie hoffen ...

„Wir sind Deutsche und fühlen uns als Deutsche und wollen unter Deutschen leben. Wir sehen die Gefahr, dass in ein paar Jahren unsere nationale Identität im alten Heimatland verloren gehen wird. Und um dieses Deutschtum zu bewahren, geben wir auch das Verbundensein mit einer jahrhundertealten Heimat auf ... Was wir von Deutschland erhoffen, sind keine Almosen und Mitleid, sondern wohlwollende Aufnahme in die deutsche Gemeinschaft, frei von Vorurteilen. Wir kommen aus einem Land mit anderen Lebensbedingungen, mit einem anderen Lebensstil, mit andern Ausbildungsgängen und Berufen sowie einem ganz anderen Wirtschafts- und Gesellschaftssystem. Dadurch finden wir uns in Deutschland auf allen Gebieten schwer zurecht. Auch hatten wir keine richtigen Vorstellungen von Deutschland. Unser ‚idealisiertes Deutschlandbild' müssen wir laufend korrigieren und ergänzen. Das führt neben den beruflichen zu zusätzlichen seelischen Belastungen." *(Umsiedlerin aus Rumänien)*

Was sie fürchten ...

Manchmal während der langen Bahnreise in diesen Tagen hatte er seine Frau angesehen; Zweifel waren ihm gekommen, ob der Entschluss, in die Bundesrepublik umzusiedeln, wirklich richtig gewesen war, ob die Hartnäckigkeit, mit der er immer wieder einen Antrag gestellt hatte, sich letztlich gelohnt hatte. Und als sie sich der westdeutschen Grenze näherten, waren seine Zweifel in leise Angst umgeschlagen. Was, wenn es ihnen nicht gelänge, Fuß zu fassen in dem neuen Land? Er hatte schließlich als Familienoberhaupt die Hauptverantwortung zu tragen.

Seine Frau hatte ihn lächelnd angesehen, und in ihrem Blick hatte er so viel Wärme gespürt, dass er wieder neuen Mut geschöpft hatte. Zuversicht, dachte er, das ist alles, was wir brauchen. Und doch ... was würden die nächsten Wochen und Monate bringen? Wir sind doch Deutsche! Galt dies auch für die Kinder? Die Kinder, mit fünfzehn und siebzehn Jahren fast schon keine Kinder mehr, hatten sich anfänglich gesträubt, die Heimat zu verlassen. Ihre Eltern hatten versucht, ihnen deutsche Kultur, deutsche Tradition zu vermitteln, aber ihre Welt war doch eher die ihrer Mitschüler gewesen, polnische Mitschüler, Kameraden.

Die kleine Stadt, in der sie wohnten, die Schule, das war ihre Welt. Sie hatten sie verlassen müssen wie ihre erste „Liebe“, den schmalen polnischen Studenten, die harmlose fröhliche Schülerliebe. Deutschland? Deutsche? Die Kinder sprachen, abgesehen von einigen Brocken, nicht einmal Deutsch. Aber wir sind doch Polen!, dachten sie. Da dachte die alte Frau Dumalski anders als ihre Kinder, die die Ausreiseanträge stellten. Sie ist siebzig und hatte gar nicht fortwollen aus der Heimat. Sie wollte bleiben, wo sie ein Leben lang geblieben war, auch wenn das Land, ihre Heimat, nun nicht mehr deutsch, sondern polnisch war. Aber wer hätte für sie sorgen sollen, was wäre aus ihr geworden, wenn ihr Sohn nicht mehr da war? Auch sie hatte sich anfangs gesträubt mitzugehen. Alte Bäume verpflanzt man nicht, hatte sie gesagt – und war dann doch mitgegangen, weil sie ohne Familie nicht leben wollte.

Deutschland?, hatte sie zweifelnd gesagt. Ob es denn noch das Deutschland gebe, das sie von früher kenne? Schließlich hatte Herr Dumalski alle Zweifel zerstreut und den Ausreiseantrag gestellt, dem – nach mehrmaliger Ablehnung – endlich stattgegeben wurde. Die Kinder hatten sich dem Willen des Vaters gebeugt. Und nun waren sie in Deutschland – wie würde es weitergehen?

Stimmen von Aussiedlern

„Mein erster Eindruck war überwältigend. Hier kann man alles kaufen, was man will“
(Jugendlicher Umsiedler aus der Sowjetunion)

„Zuerst war ich beeindruckt von all dem bunten und vielfältigen Leben hier. Aber jetzt merke ich, dass hier keine richtige Freiheit herrscht, wie man uns immer gesagt hat. Hier gibt es keine gemeinsame Idee und die Freiheit besteht nur in materieller Hinsicht. Ich glaube, wenn ich das alles gewusst hätte, wäre ich nicht mit in die Bundesrepublik gekommen.“
(Umsiedler aus Polen)

„Die Freiheit macht unsere Jugend kaputt.“
(Umsiedler aus der Sowjetunion)

„Ich bin ein altmodisches Mädchen. Was ich hier in der Bundesrepublik vermisse, das sind Freundschaft, Hilfsbereitschaft, Ehrlichkeit und Herzlichkeit unter den Menschen. Vielleicht kann ich das noch in Polen finden.“
(Umsiedlerin aus Polen)

„In der Bundesrepublik können wir uns viel mehr als früher leisten. Wir haben uns auch gut eingelebt. Aber als meine Heimat kann ich Deutschland nicht bezeichnen. Ich bin in Polen geboren und auch meine Kindheit liegt da zurück. Ich bin der Meinung, wo man geboren ist und seine schöne Kinderzeit verbrachte, da ist auch seine Heimat. Meine bleibt nur die eine: Polen.“
(Jugendliche Umsiedlerin) Schulaufsatz

„Am meisten habe ich Sehnsucht nach Gleichgesinnten. Hier habe ich mich jetzt ans Alleinsein gewöhnt. Die Menschen in der Bundesrepublik kann ich auch jetzt noch nicht besser verstehen, weil ich in den sechs Jahren meines Hierseins noch niemand näher kennen gelernt habe.“
(Umsiedlerin aus Rumänien)

„Hier gefällt es mir zwar gut, aber Polen ist doch meine Heimat.“
(Jugendliche Umsiedlerin) Schulaufsatz

„Früher, bei uns in Russland, waren die Leute so nett, auch wenn man arm war. Hier ist alles anders. Hier muss man immer kaufen und kaufen. Aber viele Menschen sind neidisch und eingebildet. Vielleicht sind die gar nicht so glücklich.“
(Umsiedlerin aus der Sowjetunion)

„Fremder“ Alltag

Einmal waren wir bei der Sparkasse eingeladen. Mit Saft und Plätzchen wurden wir empfangen. Wie Schüler sahen wir erst einen Film, dann sollte der Vortrag kommen. Und auf den Gesichtern der Zuhörer sah ich schon das Unverständnis: Da wollten Schüler für eine Klassenfahrt sparen? Und dazu bringen sie ihr Geld zur Bank? – Kein Mensch käme in Russland auf eine solche Idee. In Russland ist die Bank dafür da, dass sie Geld gibt, wenn sie welches hat. Und überhaupt: Wer hat in Russland schon Geld für eine Klassenfahrt? – Ich meine damit immer ganz weit draußen in Kasachstan, nicht Moskau. Nach diesem fremden Film und dem Vortrag gingen wir durch die Sparkasse. Die Schalter für Kreditwesen kamen ihnen genauso fremd vor wie die Schalter für Geldanlagen. Sie schauten alle so ungläubig drein, als wenn wir ihnen ein Märchen vorführen würden.

Etwa wie ein Zauberkunststück wirkte der Geldautomat auf die Aussiedler. Man sieht etwas, ja man sieht es ganz deutlich, aber man weiß, dass es nicht sein kann. Es ist unlogisch, es wird eine optische Täuschung sein. Ich stecke eine kleine Karte in einen Kasten, tippe ein paar Zahlen, und der Kasten schickt Geld. Unmöglich! Sie schütteln den Kopf. Sie glauben es nicht. Der Angestellte der Sparkasse steckt auch seine Karte in den Geldautomat, es kommt wieder Geld, sie schütteln wieder den Kopf – einige schauen gar nicht mehr richtig hin, sie lassen sich doch nicht für dumm verkaufen – so etwas gibt es nicht! Es war wie im Zauberzirkus: Ich sehe die flache Zeitung, ganz flach, und plötzlich holt der Zauberer eine Taube heraus, zwei Tauben, drei Tauben ...

Fallen dir weitere Beispiele ein für Dinge, die in deinem Alltag ganz selbstverständlich sind, anderen aber fremd erscheinen könnten?

Reaktionen in Deutschland

Die fremde Heimat

Aussiedler sind über die Geringschätzung von Nationalismus und Deutschtum in der Bundesrepublik enttäuscht

Nach der „Heimkehr" stellt sich ein Kulturschock ein
Ein ehemaliger Lehrer aus der Sowjetunion ist verbittert: Das ist nicht das Land, das ich mir vorgestellt habe

„Reden nix deutsch, kriegen aber alles"

Russlanddeutsche Aussiedler im Gespräch
„Unsere Heimat ist hier in der Bundesrepublik, der alten Heimat unserer Vorfahren"

Milliarden für die Menschlichkeit

„Die Leute glauben, Deutschland sei das Paradies"

Erst gerufen, dann verachtet

Rasche Eingliederung durch verstärkte Eigeninitiative

Aussiedler – ein Gewinn für das Rentensystem

Aussiedler-Unterbringung wird immer schwieriger

Eine Chance für uns alle

Im wilden Westen
Geschäftemacher nutzen die Ahnungslosigkeit von Aussiedlern

Aussiedler sind Deutsche

Aussiedler sind keine Kostgänger

Grundbedürfnis Heimat

Aussiedler – vorverurteilt

... Die sprechen doch gar kein Deutsch ...
... kosten den Steuerzahler doch nur Geld ...
... wollen sich hier gar nicht integrieren, sie bleiben immer unter sich ...
... drängen die Einheimischen aus dem Arbeitsmarkt ...
... ihre Kinder nehmen den einheimischen die Ausbildungsplätze weg, weil sie sich alles gefallen lassen ...
... die Aussiedlerkinder verstärken das Sprachen-Babylon in den Schulklassen ...
... nehmen deutschen Kindern die Kindergartenplätze weg ...
... sind undankbar. Statt sich über unsere abgelegten Kleider zu freuen, stellen sie Ansprüche ...
... sind kulturell von gestern ...

?

„Heim“-Weh

1. Hattest du schon einmal Heimweh?
2. Wenn ja, wonach hast du dich damals gesehnt?
3. Was bezeichnest du als „Heimat“?
   – dein Dorf,
   – deine Stadt oder dein Stadtviertel,
   – deinen Sprachraum,
   – dein Zuhause,
   – deine Familie, Freunde
   – oder etwas ganz anderes?
4. Was liebst du an deiner Heimat besonders?
5. Wäre eine Auswanderung für dich denkbar?
6. Kannst du dir vorstellen, deine Heimat in einem anderen Land zu haben?
7. Woraus schließt du, dass Tiere, die hinter Gittern oder in Gehegen aufwachsen, den Zoo nicht als Heimat empfinden?

Heimat

Arbeit
Ruhe
Frieden
Freiheit
Sicherheit
Gerechtigkeit
Hilfe
Hoffnung
Enttäuschung
Asylanten
Schmarotzer
Feindschaft
Hass
Ausländer raus
Kein Platz
Fremde
Menschen
Hier bei uns
Zu Hause
Nebenan
Willkommen

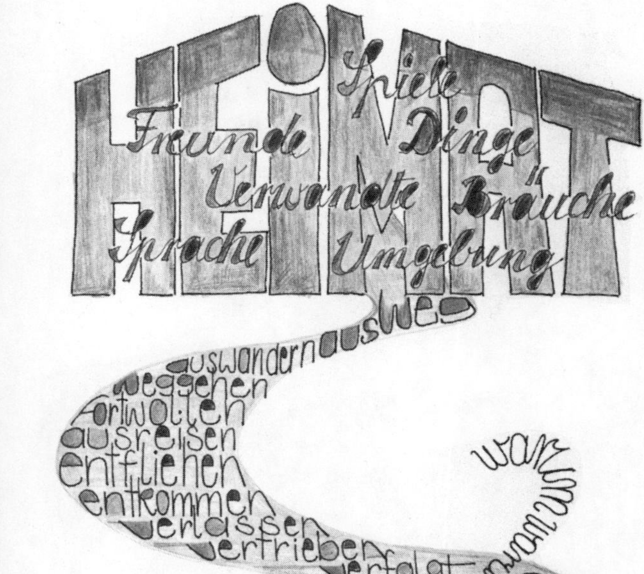

Birgit Willimek

Wer wohnt hinter welchem Fenster?

Kennst du das Spiel: Welches Tier möchtest du am liebsten sein? Du kannst eine Wette darauf eingehen, dass zwei von drei Männern Löwe oder Tiger sein wollen. Nicht einmal Elefant!

Ich bin ein Steinbock-Mensch. Eigentlich glaube ich nicht an die Geschichte mit den Charaktereigenschaften, die bestimmten Tierkreiszeichen zugeordnet werden. Aber wenn auf dem Einwickelpapier von Zuckerstückchen was geschrieben steht, lese ich es. „Zielstrebig, höflich, empfindsam, verletzlich“ soll ich sein. Na gut, warum nicht. Stimmt doch auch ein bisschen, oder? Auf der anderen Seite steht: „Materialistisch, berechnend, kühl.“ So ’n Quatsch!

Ich hab nichts gegen die ... Aber ...!

Solange ich denken kann, heißt es in der Familie: Typisch Paul! Er selber – nach der siebten Ungeschicklichkeit – sagt: Typisch ich!

Typisch?

Ich will ja nicht Recht behalten, aber ich hab es schon immer gesagt: Das konnte nicht gut ausgehen mit den beiden. Sie ist viel intelligenter als er: Das erträgt auf die Dauer kein Mann!

Ich fahre mit dem Zug. Im Nebenabteil wird es laut: Gelächter, Gekreische, Gesang. Als wären die allein im Waggon. Natürlich Rheinländer!

Familienleben und Erziehung

In einer wissenschaftlichen Untersuchung wurden Aussiedler aus Russland, die schon einige Jahre in Deutschland leben, befragt, wie wichtig ihnen verschiedene Erziehungsziele sind. Die Befragten konnten entscheiden, ob ihnen die Ziele gar nicht wichtig (1) oder sehr wichtig (5) sind oder ob sie die Ziele zwischen 1 und 5 einordnen. Einige Ergebnisse dieser Untersuchung bei den Aussiedlern sind auf S. 98 wiedergegeben.

Man kann versuchen, eine solche Befragung selbst durchzuführen. Befragt Erwachsene, die ihr kennt, z. B. Eltern oder Lehrer, sammelt dann in der Klasse die Ergebnisse und errechnet den durchschnittlichen Wert, der bei den einzelnen Zielen erreicht wurde. Wenn z. B. nach der Wichtigkeit von „Fleiß" gefragt wurde und vier Erwachsene haben als „Grad der Wichtigkeit" die Werte 2, 3, 4 und 5 angekreuzt, so müssen die vier Werte zusammengezählt und durch 4 geteilt werden. Als Durchschnittswert ergäbe sich dann 3,5.

Ermittelt die Durchschnittswerte eurer Befragung und vergleicht sie mit den Werten der Aussiedler.

Frage: Wie wichtig sind für Sie folgende Erziehungsziele? Was sollen Kinder lernen? Kreuzen Sie an, wie Sie die Werte einschätzen!

Grad der Wichtigkeit:	**gar nicht . . . . .sehr wichtig**				
	1	**2**	**3**	**4**	**5**
Fleiß	○	○	○	○	○
Schulerfolg	○	○	○	○	○
Selbstständigkeit	○	○	○	○	○
Durchsetzungsvermögen, Härte	○	○	○	○	○

Ehrlichkeit	O	O	O	O	O
Ehrgeiz	O	O	O	O	O
Verantwortungsbewusstsein	O	O	O	O	O
Hilfsbereitschaft	O	O	O	O	O
Disziplin und Gehorsam	O	O	O	O	O
Verständnis für andere	O	O	O	O	O
Sauberkeit	O	O	O	O	O
Respekt und Achtung vor dem Alter	O	O	O	O	O

Das Thema Aussiedler im Film – Die Sendereihe „Karfunkel"

Seit 1991 strahlt das ZDF die Sendereihe „Karfunkel" aus:

„Die Geschichten von ‚Karfunkel' beschreiben, wie Kinder außerhalb der Regeln der Erwachsenenwelt in der Lage sind, über Grenzen und Besitzdenken hinweg sich wahrzunehmen, Solidarität zu üben und Freundschaften einzugehen. Mit der ihnen eigenen Unbefangenheit, ihrem Charme, Witz, Humor und ihrer Zärtlichkeit zeigen sie uns, wie man multikulturelle Modelle leben kann. Die Filme wollen Kindern Mut machen, ihre vitalen Eigenschaften beizubehalten, um Visionen einer besseren Zukunft zu leben, die ihnen die Erwachsenen nicht bereiten wollen oder können. Hier irrt möglicherweise die Präambel der Rechte des Kindes, wenn sie von der mangelnden geistigen Reife der Kinder spricht. Die Kinder aus aller Welt, die sich unter dem Dach von ‚Karfunkel' zu Wort melden, leben uns Möglichkeiten eines humaneren Umgangs miteinander vor."

Einige Filme, wie „Abschied von Alma Ata", beschäftigen sich mit der Auswanderung Deutschstämmiger aus Osteuropa. Einen ausführlichen Überblick zu der Sendereihe sowie Informationen über Verleihmöglichkeiten verschickt das ZDF.

KARFUNKEL
Abschied von Alma Ata

Buch:	Arend Agthe
Regie:	Georg Nonnenmacher

Die Rollen und ihre Darsteller:

Luise	Luise Brestel
Mutter von Luise	Lily Hense
Vater von Luise	Heinrich Lein
Victor	Viktor Bogomolow
Bulat	Absalam Saidow
Joschka	Wladimir Hoppe

Produktion:	CINESCREEN

Luise lebt weit, weit weg, fast an der chinesischen Grenze: in Alma Ata in Kasachstan. Ihre Familie entstammt den Wolga-Deutschen, die vor rund 200 Jahren nach Russland gingen und dort immer wieder „umgesiedelt“ wurden, von der Wolga nach Sibirien, von dort an den Aralsee und schließlich nach Alma Ata in Kasachstan. Jetzt bietet sich ihnen die Möglichkeit, nach Deutschland zurückzukehren. Was für ihre Eltern die Erfüllung eines langen Traumes ist, bedeutet für Luise einen schmerzhaften Abschied für immer. Ausgerechnet eine Woche vor der Abreise rettet Luise einen jungen Hund vor dem Ertrinken. Natürlich darf sie das Hündchen nicht mit nach Deutschland nehmen. Als sie auch noch hört, dass der unfreundliche Nachbar ihr Haus und ihren kleinen Hund übernehmen will, läuft sie mit dem Tier davon.

Luise aus Kasachstan

Am Sonntag schildert „Karfunkel“ eine Kontaktaufnahme besonderer Art

10.35 ZDF

Was heißt Abschied für ein kleines Mädchen von sechs Jahren? Sie weiß es noch nicht und lernt es zu spüren. Luise lebt in Kasachstan, in Alma Ata, kurz vor der chinesischen Grenze. Sie gehört zu den „Wolga-Deutschen“, die die Politik 200 Jahre lang von Ort zu Ort trieb. Nun wollen sie endgültig zurück in die alte Heimat Deutschland, von der sie nur Gerüchte kennen. Die Großeltern sind schon dort, ein Paket von ihnen verheißt wahre Wunder: Vitamintabletten und die ganze reiche Warenwelt eines Versandhauskataloges. Versunken schneidet Luise ein Schwarzwaldhaus aus und schenkt es Joschka, dem zurückbleibenden Dorftrottel. Denn der hatte ihr das Hündchen aus dem Bach gerettet, das böse Jungs quälten. Nun hält sie das Tier fest im Arm und will es nicht mehr von sich lassen. Mit riesigen Augen und zusammengebissenen Zähnen wehrt sie sich gegen alle Übergriffe der Erwachsenen. Die sind so in ihre Auflösung des Haushalts verwickelt, dass sie Luises Leid gar nicht wahrnehmen. Und ihr eigenes auch nicht. Wissen sie, was sie verlassen für einen alten Traum? Sehen sie noch die Schönheit der kasachischen Landschaft? Ahnen sie, was es heißt, ihre alten Strukturen aufzugeben für eine ungewisse Zukunft? Luise weiß es: Während die Großen Abschied feiern mit Tanz und Gesang, versteckt sich das Kind im Stroh.

„Abschied von Alma Ata“ wurde im Herbst 1993 mit Schauspielern des Theaters Alma Ata gedreht vom Regisseur Georg Nonnenmacher nach einem Buch von Arend Agthe. Mittlerweile sind die Akteure in Deutschland – auch für sie war die Arbeit am Film

Arbeit am eigenen Abschied. Auch sie begriffen dabei, was sie verlieren werden.
„Abschied von Alma Ata“ ist ein ungewöhnlicher Film in der Reihe „Karfunkel“ – keine interkulturelle Begegnung steht im Zentrum, sondern unsere – der Zuschauer – Begegnung mit jenen „Aussiedlern“, die wir hier so misstrauisch beäugen. Sind sie wirklich Deutsche? Mit ihrer merkwürdig altmodischen Sprache?
Was ist das, Deutsch-Sein? Diesmal also ist es an uns, zu lernen. Und mit seinen poetischen Bildern, seiner einfachen, kleinen Geschichte macht der Film es uns leicht, uns hineinzufühlen in jene ferne, fremde Welt. Ein kleiner Film, ein wichtiger Film, nicht nur für Kinder. 1995 wird es „Karfunkel“ nicht mehr geben, der Etat dafür ist gestrichen. Im Herbst heißt es also Abschied nehmen mit den letzten sechs Neuproduktionen. Dann ist Schluss mit der schönsten Kinderfilmreihe, die das deutsche Fernsehen bietet. Es sei denn, die ZDF-Oberen besinnen sich doch noch eines Besseren.

Mechthild Zschau

Anregung:
Sollte man auch „Spinat auf Rädern“ verfilmen?

Man könnte für einzelne Szenen ein Drehbuch schreiben, die Szenen spielen und mit einer Videokamera aufzeichnen.

Wer daran Spaß hat, könnte versuchen, den gesamten Text filmisch zu erarbeiten, wobei eigene Schwerpunkte, Auslassungen oder Ergänzungen zu erproben wären. Vielleicht lässt sich ein solch umfangreiches Unternehmen als Projekt durchführen.

Anhang:
Ergebnisse der Befragung von Aussiedlern zu Familienleben und Erziehung

Frage: Wie wichtig sind für Sie folgende Erziehungsziele? Was sollen Kinder lernen? Kreuzen Sie an, wie Sie die Werte einschätzen.

Grad der Wichtigkeit:	**gar nicht . . . sehr wichtig** 1 2 3 4 5
Fleiß	4,87
Schulerfolg	4,70
Selbstständigkeit	4,67
Durchsetzungsvermögen, Härte	3,62
Ehrlichkeit	4,93
Ehrgeiz	3,54
Verantwortungsbewusstsein	4,75
Hilfsbereitschaft	4,92
Disziplin und Gehorsam	4,78
Verständnis für andere	4,87
Sauberkeit	4,85
Respekt und Achtung vor dem Alter	4,81

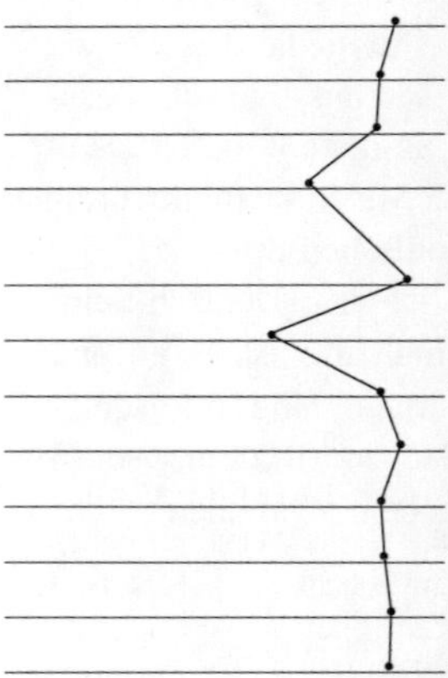

Fortsetzung der Geschichte „Dreizehn gegen einen“ von Karin Gündisch (siehe S. 77):

Vorsichtig öffnet er die Klotür und schaut nach, ob jemand in der Nähe ist. Niemand da. Unbemerkt verlässt er die Schule und macht sich auf den Heimweg. Sandu wohnt nicht weit von der Schule. Also geht er nicht direkt nach Hause, weil er nicht weiß, was er seinem Vater sagen soll. Sein Vater ist arbeitslos und darum meistens zu Hause. Sandu überlegt, dass er eine Ecke von Tinas Hefteinband abgerissen hat, dass er aus Leibeskräften zurückgehauen hat. Und nun schwänzt er die Schule. Wer weiß, was sein Vater dazu sagt! Der Vater ist immer sehr nervös, seitdem sie in Deutschland sind. Seine Hand sitzt locker.

Sandu geht um den See herum, geht durch die Grünanlagen, die zwischen der Schule und der Wohnung liegen, und setzt sich auf eine Bank. Er hat nur einen Wunsch: sich im Bett zu verkriechen. Endlich traut er sich, nach Hause zu gehen.

Wo warst du so lange, schreit ihn sein Vater schon in der Tür an. Der Rektor hat angerufen und mir alles erzählt. Wie siehst du denn aus?

Sandu verschwindet ins Bad, wäscht sich das Gesicht und die Arme. Dann muss er mit seinem Vater zurück in die Schule. Der Vater hat seinen besten Anzug an. Das bemerkt Sandu gleich.

Diese Scheißdeutschen, schimpft der Vater. Die werden was erleben!

Sandu sagt nichts, aber er wundert sich über seinen Vater, der ja selbst Deutscher ist. Einer aus Rumänien zwar, aber immerhin ein Deutscher!

Das zahle ich denen heim! Das lassen wir uns nicht gefallen! Der Vater schimpft, bis er ins Schwitzen kommt. Es ist ein sehr heißer Tag. Nach einer Weile lockert er die Krawatte und öffnet den obersten Hemdknopf.

Sandu hätte gerne gewusst, was der Rektor gesagt hat, aber er fragt lieber nichts. Der Vater geht sehr schnell, und Sandu hat Mühe, Schritt zu halten. Je mehr sie sich der Schule nähern, desto stiller wird der Vater.

Das letzte Wegstück gehen sie schweigend nebeneinander. Der Anzug macht dem Vater zu schaffen. Sandu fragt sich, warum er ausgerechnet an einem so heißen Tag seinen besten Anzug anziehen muss. Wer weiß, was sich der Vater dabei gedacht hat.

Sie kommen noch während der Stunde in der Schule an und der Rektor begleitet sie in die Klasse. Als Sandu den Raum betritt, sehen ihn die Kinder nicht an, die Blicke sind gesenkt.

Sandu muss erzählen. Er erzählt vom Streit mit Tina, sagt, dass ihn Mitschüler verprügelt haben. Jatzeks Namen erwähnt er nicht. Er erzählt überhaupt die ganze Geschichte fast ohne Namen. Nun müssen die Kinder sagen, warum sie Sandu verprügelt und beleidigt haben. Die meisten wissen nicht, warum sie mitgemacht haben. Es gibt oft Prügeleien auf dem Schulhof und sehr selten wird in der Klasse darüber gesprochen.

Das alles kam so plötzlich, sagt Peter. Einer hat mit dem Fuß getreten, Sandu hat sich gewehrt, und dann haben mehrere losgeprügelt ... Eigentlich wollte keiner Sandu schlagen ...

Wer hatte die Idee, Sandu die Hose herunterzuziehen?, fragt Frau Brandt.

Auch das weiß niemand mehr.

Ich bin halt nur so mitgelaufen, sagt Nena.

Mitlaufen heißt mitmachen, sagt die Lehrerin.

Aber ich habe nicht gehauen, verteidigt sich Nena.

Niemand hat gehauen. Niemand erinnert sich, gehauen zu haben.

Die meisten Kinder sagen gar nichts, sie sind etwas erschrocken, denn sie kommen erst jetzt drauf, dass die Keilerei im Schulhof Sandu sehr wehgetan hat. Sechs Kinder haben nicht mitgemacht, niemand hat Sandu geholfen.

Bleiben noch dreizehn. Dreizehn gegen einen.

Was ist aber mit Jatzek?

Warum hast du deinem Freund nicht geholfen?, fragt Frau Brandt. Du müsstest besonders viel Verständnis für Sandu haben, denn deine Eltern sind ja auch Aussiedler.

Ich bin kein Aussiedler, schreit Jatzek plötzlich, ich bin in Deutschland geboren!

Alle sehen zu Jatzek. Der ist weiß wie die Wand und zittert vor Aufregung.

Wenn deine Eltern aus Polen kommen, bist du ein Aussiedler, sagt Tina.

Jatzek schreit sie an: Du Scheißdeutsche! Merk dir das: Ich bin in Deutschland geboren!

Jatzek möchte sich am liebsten auf Tina stürzen. Sie ist aber einen Kopf größer als er und macht Judo. Sie weiß, dass sie stark ist, und hat keine Angst vor der Pause.

Da tut Jatzek etwas, das niemand erwartet: Er legt den Kopf auf die Bank und weint.

Sandu sieht zu ihm hinüber. Er hat Jatzek noch nie weinen sehen und schämt sich ein bisschen für ihn, auch wenn Jatzek nun nicht mehr sein Freund ist. Frau Brandt lässt Jatzek weinen und knöpft sich Christian und Mark vor. Die beiden haben sich gar nichts dabei gedacht, als sie Sandu festhielten.

Ich hab nichts gegen Aussiedler, sagt Mark, aber ...

Mein Vater hat sich um eine Hausmeisterstelle beworben, sagt Christian. Ein Aussiedler hat sie bekommen. Die sollen bleiben, wo sie sind!

Nun scheint es Sandu, dass Christian als Erster Scheißaussiedler gerufen hat. Seine Stimme kann es gewesen sein. Aber er weiß, dass er sich täuscht. Jatzek hat als Erster gerufen. Doch jetzt mag er es nicht mehr glauben, denn Jatzek sitzt noch immer da mit dem Kopf auf den Armen und schluchzt.

Frau Brandt bittet die Eltern von Jatzek, Mark und Christian in die Schule. Sie trägt den Kindern auf, zu Hause von dem Vorfall zu berichten, und setzt einen Elternabend an mit einem einzigen Gesprächspunkt: Dreizehn gegen einen oder: Wie Gewalt entsteht.

Sandu, willst du dich nicht setzen?, fragt Frau Brandt.

Sandu möchte sich schon setzen, aber sein Platz ist neben Jatzek.

Nun meldet sich Sandus Vater: Ich werde meinen Sohn von dieser Schule nehmen!

Sandu will nicht weg von der Schule. Noch einmal ganz fremd sein, das will er auf keinen Fall.

Ich kann Sie verstehen, sagt Frau Brandt zum Vater, aber ich glaube nicht, dass es für Sandu gut wäre. Auch möchte ich Sie bitten, meiner Klasse noch eine Chance zu geben: Nur wenn Sandu bei uns bleibt, werden die Kinder lernen, miteinander auszukommen. Vielleicht sollten wir Sandu fragen, ob er bleiben möchte.

Nun drehen sich alle zu Sandu hin. Selbst Jatzek sieht zu ihm hinüber.

Sandu, bei dir liegt die Entscheidung, sagt Frau Brandt. Willst du bleiben? Sandu nickt. Aber er will einen anderen Platz, würgt er hervor. Sandu setzt sich in die letzte Bank, die leer ist. Er sieht seine Mitschüler nicht an, sieht nach vorn, wo noch immer der Vater in seinem besten Anzug steht. Wenn er jetzt nur ginge, denkt Sandu. Der Vater tut ihm Leid. Von seinem ganzen Widerstand ist nichts übrig geblieben.

Endlich begleitet ihn Frau Brandt hinaus. Die Kinder bleiben allein in der Klasse.

Wenn Frau Brandt die Klasse verlässt, gibt es jedes Mal einen Heidenlärm. Diesmal bleibt es still. Die Kinder richten Hefte und Bücher für die nächste Stunde.

Textquellenverzeichnis

S. 74: Karin Gündisch: Nachwort. In: Karin Gündisch: In der Fremde und andere Geschichten. Beltz Verlag: Beltz und Gelberg. Gulliver Taschenbuch. Weinheim und Basel 1993, S. 70 f. (Überschrift nicht original)

S. 77 und 98: Karin Gündisch: Dreizehn gegen einen, a.a.O., S. 60 ff.

S. 80: Uwe und Wolfgang Lanquillon: Die fremden Deutschen? Pantas-Verlag, Hamburg ^{2}1980, S. 44, 8 f. und 45 ff.

S. 84: Aus: Hannelore Schmidt: Perestrojka – die Aussiedler und wir. Telos Bücher. St.-Johannis-Druckerei. Lahr-Dinglingen 1990, S. 68 f.

S. 85: Teilweise übernommen von Siegfried Schwab: Deutsche unter Deutschen. Aus- und Übersiedler in der Bundesrepublik, Centaurus-Verlagsgesellschaft, Pfaffenweiler 1990, S. 2

S. 86: Auswahl aus PZ Nr. 56/1989. Hrsg. von der Bundeszentrale für politische Bildung, Bonn 1989, S. 28 (gekürzt)

S. 87: Vgl. Max Frisch: Fragebogen. In: Max Frisch: Tagebuch 1966-1971. Suhrkamp Verlag, Frankfurt/M. 1972, S. 382-385 (Auszüge)

S. 88 f.: Birgit Willimek: Heimat. Aus: Überall ist Lesezeit. Lesebuch für Grundschulen. 4. Schuljahr. Ausgabe A. Oldenbourg Verlag, München 1993, S. 74 f.

S. 92: Vgl. Sabine Burghaus: Typisch! In: Gisela Klemt-Kozinowski / Helmut Koch / Luise Scherf / Heinke Wunderlich (Hrsg.): Andorra ist überall. Signal-Verlag, Baden-Baden 1990, S. 162-164 (Auszüge)

S. 93 und 98: Vgl. Leszek Wilkiewicz: Aussiedlerschicksal: Migration und familialer Wandel. Centaurus-Verlagsgesellschaft, Pfaffenweiler 1989, Tabelle 31, A 6

S. 95: ZDF Presse Special: Karfunkel. Mainz 1993

S. 96: Mechthild Zschau: Luise aus Kasachstan. Aus: Süddeutsche Zeitung Nr. 59, 12. 3. 1994, S. 30

Bildnachweise

S. 76: Aus: Alfred Coulin (Hrsg.): 800 Jahre im Karpatenbogen. Hermannstadt. Eine deutsche Gründung in Südosteuropa. Köln 1980, S. 9

S. 80: Karikatur: Gerhard Mester. Cartoon-Caricature-Contor, München

S. 87: Birger Gesthuisen/Tina Jermon (Hrsg.): Die in der Fremde arbeiten ... Zeichnungen und Karikaturen. Duisburg 1983, S. 13

S. 90 f.: Gisela Klemt-Koszinowski, Wuppertal

Hinweis: Nicht in allen Fällen war es uns möglich, den uns bekannten Rechteinhaber der Abbildungen ausfindig zu machen. Berechtigte Ansprüche werden selbstverständlich im Rahmen der üblichen Vereinbarungen abgegolten.

Folgende Lesehefte empfehlen wir für Klassenstufe 5/6:

David, Kurt:
Antennenaugust
Bearbeitet von Juliane Eckhardt
Klettbuch 26113

Donnelly, Elfie:
Tine durch zwei geht nicht
Bearbeitet von Karin Steiert und Rainer Siegle
Klettbuch 26161

Feustel, Günther:
Ein Indio darf den Tag nicht verschlafen
Bearbeitet von Sigrid Eberspächer
Klettbuch 26123

Holmås, Stig:
Donnersohn
Bearbeitet von Karin Steiert und Rainer Siegle
Klettbuch 26167

Lornsen, Boy:
Feuer im Nacken
Klettbuch 26182

Lornsen, Dirk:
Rokal der Steinzeitjäger
Klettbuch 26175

Spillner, Wolf:
Taube Klara
Klettbuch 26188